Federico Navarrete nació en la Ciudad de México en 1964. Es escritor, maestro e historiador. A lo largo de treinta años ha escrito libros sobre la historia y la cultura de los pueblos indígenas de México y América. Entre ellos se encuentran el ensayo *México racista* y las novelas infantiles *Huesos de lagartija* y *Nahuales contra vampiros*, así como los libros de historia *La conquista de México* y *La invención de los caníbales.*

México racista

México racista

Una denuncia

FEDERICO NAVARRETE

Grijalbo

Título original: ***México racista***
Una denuncia

Diseño de Portada: Penguin Random House / Daniel Bolívar

ISBN: 979-889-098-757-0

Impresión digital bajo demanda

156016905

A María Antonieta,
que sabe de lo que hablo

ÍNDICE

INTRODUCCIÓN

México es un país racista. Los mexicanos practicamos sistemáticamente esta forma de discriminación contra nuestros compatriotas que tienen un color de piel más oscuro, contra los indígenas y los afromexicanos, contra los inmigrantes, contra los extranjeros y contra todos aquellos que nos parecen diferentes e inferiores.

Todos los días en las ciudades y en el campo, en los medios de comunicación y en los centros de trabajo, en la calle y en los establecimientos comerciales se discrimina a hombres, mujeres, niños, jóvenes y ancianos a causa de su aspecto físico, de su manera de hablar, de su forma de vestir.

En nuestro país se practican muchas formas de discriminación: marginamos y a veces incluso agredimos a las personas por ser mujeres, por ser homosexuales o transexuales; les negamos oportunidades por tener una religión diferente a la católica o, simplemente, por ser jóvenes o demasiado viejos, o por vestirse diferente; menospreciamos a los extranjeros y a los que hablan español con un acento distinto. De estas múltiples formas de exclusión, una de las más difundidas y más dañinas es el racismo, que discrimina a las personas por su color de piel, la forma de su cabello y sus rasgos faciales, pero también por su cultura, su forma de vestir y de pensar, que son considerados índices de su pertenencia a una "raza" supuestamente inferior. En nuestro país las peores, aunque no las únicas, formas de racismo se dirigen a los indígenas y a las personas que parecen serlo, así como a las personas de origen africano.

Dos ejemplos relativamente recientes del racismo mexicano tienen como protagonistas a funcionarios públicos (uno federal, la otra local) e ilustran aspectos únicos de cómo y por qué se ejerce dicha forma de rechazo y burla en nuestro país.

El primero es una conversación entre el consejero presidente del Instituto Nacional Electoral (INE), Lorenzo Córdova Vianello, y otro funcionario de esa institución, filtrada a través de YouTube en mayo de 2015 y que tanta indignación despertó en las redes sociales.

En esta charla, del 23 de abril de 2015, el funcionario se mofaba de manera abierta de un grupo de representantes indígenas con quienes había tenido horas antes una reunión de "asesoría" y afirmaba que el encuentro merecía formar parte de unas "Crónicas marcianas" del INE, junto con las "dramáticas reuniones" por motivos electorales con los padres de los 43 estudiantes de la Escuela Normal Rural de Ayotzinapa desaparecidos en Iguala, Guerrero, el 26 de septiembre de 2014.[1]

La burla del funcionario se centraba en el hecho de que el jefe de la nación chichimeca de Guanajuato, parte de la comitiva, hablaba español con un acento, una gramática y un vocabulario que a él le parecían artificiales:

> Se ve que este güey, yo no sé si sea cierto que hable así, cabrón. Pero no mames, vio mucho *Llanero Solitario*, cabrón, con ese Toro,

[1] Mis reflexiones sobre este incidente fueron publicadas en *Horizontal*: http://horizontal.mx/el-exabrupto-racista-del-consejero-presidente-tres-reflexiones/.

> cabrón. No mames, cabrón, o sea. No mames. Nada más le faltó decir, me cae que le faltó decir: "Yo, gran jefe Toro Sentado, jefe gran nación chichimeca". No mames, cabrón. No mames, cabrón. No, no, no, no. Está de pánico, cabrón. No mames, güey.

Detrás de este episodio se encuentra un prejuicio que comparten muchos mexicanos que se consideran parte de una élite "educada": la identificación implícita entre hablar español "correcto" y ser "verdaderamente mexicano". Esta identificación, a su vez, es producto de "la ideología del mestizaje" impuesta en nuestro país desde hace poco más de un siglo y que pretende que todos los mexicanos deben hablar un solo idioma, el castellano, y pertenecer a una sola raza: la mestiza.

Dicha definición no refleja ni la historia de México ni su realidad actual. El nuestro ha sido siempre un país plurilingüe y sólo se ha convertido en mayoritariamente hispanohablante desde finales del siglo XIX. En el siglo XXI no deja de crecer el número de mexicanos que tienen otra lengua materna, sea indígena o inglés. Pese a ello, ciertas élites intelectuales y funcionarios públicos insisten en considerar el español que ellos aprendieron como la única manera respetable de hablar la lengua de los auténticos mexicanos.

Esta concepción excluyente y errónea de la mexicanidad provoca que dichas personas se nieguen a reconocer que si millones de ciudadanos mexicanos tienen un acento diferente y cometen lo que ellos consideran "errores" es porque aprendieron a hablar el español como segunda lengua. Esta negativa a aceptar la manera diferente en que hablan, desconoce la riqueza cultural que tienen en verdad estos hablantes, en cuanto personas bilingües o políglotas, y los hace parecer, a ojos de algunas élites, como "ignorantes" o "atrasados".

Por otro lado, Córdova Vianello reveló su profundo desconocimiento de la historia y de los pueblos indígenas al confundir a *Toro*, el personaje ficticio de la televisión que acompañaba al *Llanero Solitario* en la serie de televisión homónima de los años 1960, con *Toro Sentado*, Tatanka Iyotanka, el connotado dirigente de la nación sioux en el siglo XIX.

Como señala Yásnaya Aguilar Gil, maestra en lingüística por la UNAM y hablante de mixe, en el imaginario racista de dichas élites mexicanas los indígenas del sur y del país hablan todos como Tizoc, es decir, como Pedro Infante disfrazado de indio sumiso para el cine mexicano, y los del norte hablan como indios piel roja:

> Lorenzo Córdova no se mofó ni siquiera del español que habla una persona que tiene el chichimeco Jonaz como lengua materna [...] se burló de su propio estereotipo lingüístico, el que proyecta sobre los pueblos indígenas, el del habla de un Toro Sentado caricaturizado en su imaginación. Sólo por esa razón es que le parece digno de Crónicas Marcianas, de otro planeta y no de pueblos con los que se ha convivido por quinientos años.[2]

Cuando alguien como Lorenzo Córdova Vianello deja que sus estereotipos respecto a un grupo humano le impidan observar su realidad, cuando permite que sus prejuicios y su ignorancia normen la evaluación que hace de las formas de hablar y de actuar de otras personas, incurre, sin lugar a dudas, en un acto de racismo. Con atinada ironía, la lingüista se pregunta cómo sería el acento de Córdova Vianello al hablar chichimeco u otra lengua indígena.

[2] Yásnaya Aguilar, "¿Cómo hablamos español los indígenas? De Tizoc a Toro sentado", *EstePaís* (blog), 28 de mayo de 2015: http://archivo.estepais.com/site/2015/como-hablamos-espanol-los-indigenasde-tizoc-a-toro-sentado.

Un exabrupto racista de esta naturaleza es particularmente inaceptable en el caso de un funcionario que representa a todos sus conciudadanos frente a los poderes del Estado y a los partidos políticos y que tiene como principal misión garantizar el respeto a los derechos políticos electorales de todos los mexicanos, independientemente de cómo hablen el español.

Lamentablemente, las burlas de Córdova Vianello no son una excepción, ni siquiera por su procacidad.

En los últimos años se han difundido en las redes sociales otras expresiones por parte de funcionarios del gobierno que resultan francamente denigratorias contra indígenas o mestizos pobres. Por ahora baste citar a la otra funcionaria, Liliana Sevilla Rosas, directora del Instituto Municipal de la Mujer (Inmujer) de Tijuana, bautizada como *Lady Europa* o *Lady Tijuana* en las redes sociales, quien compartió en su página de Facebook una imagen en la que se leía una exasperación racista análoga a la de Córdova: "Que tal si lo mio [sic] está en Europa y yo aquí sufriendo con estos indígenas".[3]

Estos exabruptos, generalmente expresados con el candor propio de un intercambio entre particulares, son un ejemplo típico de lo que el antropólogo estadounidense James C. Scott definió como "discursos ocultos" (*hidden transcripts*) en su libro clásico *Los dominados y el arte de la resistencia*.[4] Se trata de formas que tanto dominados como dominadores emplean para referirse al grupo opuesto en privado, podría decirse, "tras bambalinas". Como tales, difieren radicalmente de sus "discursos públicos"

[3] "'Qué tal si lo mío está en Europa y yo aquí sufriendo con estos indígenas': directora de Inmujer Tijuana", *Sin Embargo*, 26 de febrero de 2015: http://www.sinembargo.mx/26-02-2015/1264792.

[4] James C. Scott, *Los dominados y el arte de la resistencia*, Era, México, 2003.

(*public transcripts*) que son las palabras y gestos que utilizan cuando se saben observados por los otros grupos sociales y quieren comunicarse con ellos.

Así, no es casual que ambos funcionarios hayan intentado justificar sus actos arguyendo que se trataba de expresiones privadas. Mientras Córdova Vianello parecía más ocupado en acusar a quien resultara responsable de espionaje, la funcionaria tijuanense adujo un: "Si no les gusta, bórrenme". Mientras que la máxima autoridad electoral del país intentó minimizar sus palabras calificándolas como dichos "jocosos", ella insistió en que sólo había compartido una imagen cuyo mensaje le pareció "graciosísimo".

Estoy seguro de que el consejero presidente nunca se burlaría de manera pública del dirigente chichimeca, ni lo compararía en un discurso oficial con el "indio Toro", pero ello no resta un ápice de sinceridad a sus expresiones particulares en contra de ese otro ciudadano mexicano. Sólo nos muestra que el racismo mexicano tiene una vertiente privada y en tono de burla y escarnio, además de sus formas abiertas y públicas. Más adelante demostraré que ese carácter particular y social de nuestro racismo no lo hace en verdad menos dañino ni insidioso, pero sí más solapado y difícil de reconocer y de combatir.

Las expresiones de estos dos funcionarios revelan, además, las profundas divisiones que el racismo ha creado en nuestro país. Desde pequeños, la historia oficialista nos ha enseñado que el pueblo mexicano está dividido en dos grandes grupos: los "mestizos", que supuestamente suman la mayor parte de la población, y los "indígenas", que son una minoría. Por ser considerados atrasados, éstos son objetos de todo tipo de desprecios y marginaciones. Los prejuicios en su contra son tan fuertes que la misma palabra "indio" se ha convertido en un insulto en boca de ciertos grupos. Por otro lado, los mexicanos de origen africano o asiático suelen ser considerados simplemente como extranjeros, porque su aspecto físico no corresponde a los prejuicios que tienen los mestizos.

Igualmente, entre la supuesta mayoría mestiza se practica un racismo feroz, y pocas veces reconocido, contra los que tienen la piel más oscura o las formas de comportamiento menos "educadas". El término "naco" es un signo brutal del desprecio que ejercen los mestizos más privilegiados y más blancos contra los que son menos afortunados y más morenos. Al mismo tiempo, las personas con la piel más blanca, los llamados "güeros", suelen tener una mejor situación social y su aspecto físico más "europeo" se asocia con su privilegio social, haciéndose sinónimo de belleza y sofisticación.

¿Qué mexicana o mexicano no reconoce este paisaje social, estas maneras de clasificar y de segregar a las personas? ¿Quién no ha empleado alguna vez estas palabras cargadas de desprecio para descalificar a otra persona? ¿Quién no ha juzgado alguna vez a sus conciudadanos por el color de su piel y su aspecto físico?

En las diversas regiones del país se utilizan términos diferentes y las fronteras del racismo se dibujan de acuerdo con criterios físicos y culturales distintos, pero la división y los prejuicios existen en todas.

Algunas personas arguyen que estas formas de discriminación no son tan graves, que existen peores formas de racismo en Estados Unidos o en otros países, que los mexicanos no podemos ser racistas porque somos todos de la misma raza, la "mestiza".

Este libro busca demostrar que nuestro racismo, el racismo mexicano, el que practicamos de manera cotidiana, no es tan inofensivo como algunos pretenden. Tal vez sea con frecuencia invisible, o no siempre confiese abiertamente sus razones y sus móviles, pero no deja de ser nocivo y de afectar a quienes son objeto de escarnio y discriminación. Por ello, debemos reconocerlo, debemos conocerlo y, sobre todo, debemos empezar a combatirlo.

México enfrenta hoy problemas muy difíciles de resolver. La violencia e inseguridad ciernen su sombra sobre amplias regiones de nuestro territorio y amenazan a los grupos más vulnerables; la crisis económica pone en entredicho de nuevo las promesas, siempre pospuestas, de mejoría y progreso; la pobreza y la falta de servicios públicos de calidad, como educación y salud, no deja de ensombrecer la vida de la mayoría de nuestros conciudadanos; por si fuera poco, nuestro sistema político está podrido por la corrupción, la impunidad y la falta de credibilidad de todos los partidos.

Al mismo tiempo, desde fines de 2014, México ha sido conmovido y agitado por una ola de protestas ante la desaparición en Iguala de los 43 estudiantes de la normal rural de Ayotzinapa y otros actos de violencia. Estos crímenes de lesa humanidad han provocado la indignación de amplios sectores de nuestra sociedad, y han hecho más urgente la necesidad de hacer algo para resolver las crisis que enfrentan nuestras instituciones de justicia, para movilizar las energías de los diferentes grupos sociales y para presionar al Estado para que cumpla por fin con su responsabilidad elemental de garantizar la seguridad de los ciudadanos

En este marco de horror, pero también de esperanza y de búsqueda de nuevas salidas, concebí la idea de escribir un libro actual sobre el racismo mexicano, porque creo que esta forma inaceptable de discriminación es un componente muchas veces ignorado de todos nuestros otros problemas nacionales y los hace más graves.

Este texto aspira a ser una contribución honesta a la tarea de definir lo que debemos transformar en México para construir una sociedad más justa, más pacífica, más generosa. Sus páginas tienen como propósito reflexionar sobre lo que creo que constituye uno de los obstáculos más profundos que se interponen en nuestro camino para lograr estos objetivos: el racismo y sus prejuicios que dividen artificialmente a nuestro país entre mestizos e indios, entre blancos y morenos, entre "güeros" y "nacos", entre "gente bonita" y "proles", entre quienes son demasiado visibles y los que se han vuelto invisibles, al grado de que su muerte ha dejado de importarnos.

A lo largo de estas páginas intentaré revelar, presentando evidencias muy variadas y que considero contundentes, la fuerza que tiene el racismo en todos los ámbitos de nuestra sociedad, desde la intimidad de la vida familiar hasta la publicidad, pasando por la calle, la televisión y los más diversos ambientes profesionales. Asimismo intentaré demostrar que la discriminación y los prejuicios que engendra dicho racismo agravan los problemas de inseguridad, crimen, pobreza y desigualdad, la falta de democracia y la intolerancia que padecemos.

Este ensayo está dirigido a todo lector que se interese por los problemas que denuncia. Fue escrito por un ciudadano para los demás ciudadanos mexicanos y los de otros países americanos que padezcan problemas similares. Su fin es proponer y cuestionar, intentar despertar la conciencia de la mayor cantidad de personas sobre uno de los principales problemas de nuestro país.

Mi intención es abrir un debate respetuoso y franco. No pretendo tener la última verdad, pero escribo con la seguridad de años de pensamiento y de investigación sobre el nefasto fenómeno del racismo en México y en otros países de América y del mundo.

Las ideas que presento aquí no son sólo mías, sino son producto de incontables conversaciones y lecturas, de acuerdos y desacuerdos con amigos y desconocidos. A lo largo del texto mencionaré a muchas personas con quien me he encontrado en este camino de reflexión. Cuando señale el racismo en alguna expresión o en algún texto, no lo haré con el afán de denostar ni condenar a nadie, sino de plantear una crítica abierta y honesta de sus ideas, para invitar a la reflexión común y al cuestionamiento de los prejuicios que todos compartimos.

Escribo estas páginas movido por un compromiso personal e íntimo en la lucha contra los prejuicios raciales y discriminación, alimentado por mi pequeña historia familiar y por mis conocimientos de la historia de México y de América. Me inspira también mi profunda admiración por la lucha que han librado a lo largo de siglos tantas personas y grupos, en nuestro país y en todos los continentes, contra las fuerzas terribles del racismo, de los prejuicios y de la ignorancia.

En el primer capítulo, titulado "Los espectros de los invisibles", analizaré la manera en que el racismo mexicano se relaciona con el caso de los 43 estudiantes normalistas de Ayotzinapa desaparecidos en Iguala y con otros episodios de violencia atroz que hemos presenciado en los últimos años. El horror ante la deshumanización y la crueldad que se manifiestan en estos crímenes fue lo que me impulsó a escribir este ensayo y por ello empiezo por este tema tan doloroso para tantos mexicanos. Mi intención será demostrar que una de las causas por las que hemos ignorado o tolerado la atroz espiral de muerte y violencia que nos ha rodeado en los últimos años han sido precisamente los prejuicios racistas que nos dividen y que han vuelto invisibles en vida y, por lo tanto, también prescindibles, asesinables y desaparecibles a la mayor parte de nuestros compatriotas. En nuestra terrible situación, la invisibilidad producida por el racismo mexicano se ha vuelto literalmente asesina, creando una necropolítica de la desigualdad que debemos enfrentar y detener.

En los capítulos 2 y 3, "Los múltiples rostros del racismo" y "El racismo social", presento un caleidoscopio de ejemplos del racismo mexicano, desde los más íntimos y personales hasta los más públicos y espectaculares, para mostrar las muy variadas formas que toma la discriminación en nuestra sociedad. Éstos construyen una espiral de distinciones y prejuicios centrados en el color de la piel, lo que llamo un "racismo cromático", que identifica la "blancura" con la riqueza y el éxito social y a los "morenos" con el atraso y la pobreza; de ahí, los prejuicios se extienden a todas las dimensiones de la vida cultural y social de los mexicanos, afectando a mestizos e indígenas, mujeres y hombres en todo el país.

El cuarto capítulo, "¿Es racista nuestro racismo?", refuta de manera directa las objeciones y argumentos de quienes afirman que en México no hay racismo, o que si éste existe, es sólo un fenómeno poco importante, relegado al ámbito privado de los gustos y de la vida social. Mi objetivo es demostrar cómo nuestro "racismo cromático", por más frívolo que parezca, tiene profundas consecuencias económicas y culturales y termina por profundizar y justificar las desigualdades y las injusticias que dividen a nuestra sociedad.

El capítulo 5, "La leyenda del mestizaje", presenta de manera irónica la fábula histórica del mestizaje que hemos aprendido desde pequeños: la idea de que los mexicanos pertenecemos a una sola raza, nacida de la fusión violenta de la estirpe española de los conquistadores con las mujeres indígenas, pero que terminaría por engendrar un nuevo tipo de ser armonioso y superior: el "mestizo mexicano" destinado a regir los destinos de nuestra patria.

El siguiente capítulo, "Cinco tesis contra el mestizaje", demuestra que esta definición de lo que significa ser mexicano nunca fue realmente verdadera, pues fue inventada por el gobierno y los intelectuales oficiales hace poco más de 100 años, y presenta una visión falsa de la historia de las relaciones entre los diferentes grupos que conviven en nuestro país.

En el capítulo 7, "La gran confluencia mexicana", propongo una manera diferente de comprender la historia de México, más allá de la leyenda del mestizaje, mediante el reconocimiento de la verdadera pluralidad de nuestra sociedad y las convergencias sociales y políticas que han construido nuestra nación, así como los conflictos y desacuerdos que la han hecho siempre diversa. Ésta es una visión de la historia en que las razas y el mito del mestizo no juegan ningún papel y no se echan en falta.

El capítulo 8, "Los fantasmas del mestizaje", describe las formas en que la creencia en la unidad racial de la nación mestiza ha sido en realidad una herramienta para excluir a los grupos y personas diferentes y para justificar el racismo y los privilegios de las élites frente al resto de la población. Hoy en día no es más que un cascarón vacío que sirve para enmascarar las brutales y mortíferas formas de discriminación que se practican en nuestra sociedad. Por ello, mi conclusión es que los mexicanos no podremos dejar de ser racistas mientras sigamos creyendo que somos mestizos.

El capítulo noveno y final, "Caminos para liberarnos del racismo", propondrá algunas rutas que podemos recorrer para combatir las discriminaciones en México y para construir nuevas formas de conocernos y de respetarnos en nuestras diferencias. El objetivo es construir nuevas formas de convivencia que resulten menos excluyentes, elaborar nuevas representaciones de lo que consideramos bello y deseable, pensar nuevas formas de definir quiénes somos y de encontrar lo que podemos tener en común, como la ciudadanía y el derecho a la vida.

Más que un recetario o un programa político, mis propuestas son un llamado a la reflexión y a la acción colectiva. Mi texto aspira también a formar parte de un movimiento más amplio, un conjunto de iniciativas, un encuentro de acciones que identifiquen, critiquen y confronten el racismo y la desigualdad, la violencia y la falta de democracia en México. En este sentido aspira a construir una salida al laberinto de injusticia y violencia en que parecemos estar encerrados.

1

Los espectros de los invisibles

AYOTZINAPA

A lo largo de este libro, intentaré demostrar que el racismo mexicano no es sólo un asunto privado, una materia de bromas y agravios particulares, sino que tiene consecuencias negativas en todos los aspectos de nuestra vida social. En el presente capítulo discutiré su manifestación más atroz: la manera en que el desprecio racista que muchos mexicanos sienten por las personas de piel más oscura y de condición más humilde los ha hecho invisibles a los ojos de la prensa, de los medios de comunicación y de la sociedad misma, y ha facilitado que cientos de miles de nuestros compatriotas hayan sido asesinados, desaparecidos, torturados y secuestrados en las últimas décadas. Esto es lo que llamaré "necropolítica de la desigualdad" y es la consecuencia más nociva de nuestro racismo, pero no la única.

A partir de septiembre de 2014, México ha vivido una crisis política y moral sin precedentes en nuestra historia reciente. Lo ocurrido la noche del 26 de septiembre en Iguala con 45 estudiantes de la Escuela Normal Rural Raúl Isidro Burgos, de Ayotzinapa, Guerrero, sacudió la conciencia de amplios sectores de nuestra sociedad y enfrentaron al gobierno y a los aparatos del Estado a un desafío inédito.

Todavía en los primeros días, conforme la noticia de las atrocidades ganaba la atención de los medios nacionales y extranjeros, algunos comentaristas externaron su sorpresa ante la reacción que se había generado en la opinión pública. Según ellos, éstos no eran ni los primeros ni quizá los más graves actos de violencia que había vivido nuestro país en los últimos años y, por lo tanto, no ameritaban una respuesta tan airada de los más diversos grupos de la sociedad.

Con evidente mala fe, estos argumentos buscaban restar legitimidad a la repulsa de la sociedad. Sin embargo, parte de la sorpresa de estos analistas resulta comprensible cuando recordamos que la sociedad mexicana había atestiguado tantas de estas atrocidades sin indignarse de esa manera.

Por eso es importante reflexionar sobre las razones que hicieron que la irritación social ante este caso de violencia se transformara en un acontecimiento que cimbró la escena política mexicana. No es exagerado afirmar que en la conciencia de muchos mexicanos, estos sucesos marcaron un antes y un después.

La primera razón para esta repulsa inesperada es que se trató, a todas luces, de un crimen cometido con la participación del Estado, de manera directa a nivel municipal, y que fue permitido y solapado, por lo menos, por las complicidades y omisiones de los niveles estatales y federales. La torpeza de la investigación posterior a cargo de la Procuraduría General ha sido incapaz de presentar una explicación creíble de los hechos e incluso de disipar las sospechas de la participación directa del Ejército en la desaparición de los 43 jóvenes.

La segunda razón fue la gran capacidad que tuvieron los compañeros de los desaparecidos para impulsar una eficaz campaña de comunicación que daba a conocer su situación y los identificaba de manera muy clara ante la opinión pública. Esta acción permitió que las víctimas del delito fueran conocidas por sus nombres y apellidos, sus fotografías individuales y también por su calidad de estudiantes y futuros maestros.

El reconocimiento positivo de las víctimas de Ayotzinapa como hijos de familias pacíficas, como ciudadanos y como miembros de una institución educativa destrozó de manera dramática una de las barreras que habían impedido que la opinión pública mexicana reaccionara ante tantas masacres y atrocidades anteriores: la de la invisibilidad de las víctimas.

En contraste con los miles y miles de víctimas anteriores que han permanecido sin nombre y sin rostro, sin familia y sin pertenencia social, los estudiantes de Ayotzinapa se hicieron dolorosa e irremediablemente visibles en el ámbito nacional. Esta repentina presencia de sus rostros convirtió la forzada y continuada ausencia de sus personas, la incertidumbre irresoluble sobre su destino, en una falla, una deficiencia, una incapacidad insalvable de la vida política y social.

La creciente movilización de sus compañeros, de sus familiares, de organizaciones afines, de estudiantes de todo el país y de sectores muy diversos de la sociedad hizo que esa visibilidad, encarnada en los carteles con los retratos de los 43, se transformara a su vez en una demanda imperiosa al Estado y a la propia sociedad.

Desde entonces, ninguna acción del gobierno, ni tampoco la masiva participación social, ha logrado llenar el hueco lacerante de la ausencia de los 43. Incluso los rituales que surgieron de manera espontánea en el movimiento social, como la repetición incesante, y siempre un poco desesperada, de la exigencia "Vivos se los llevaron, vivos los queremos", de la frase "Nos faltan 43", o la costumbre de contar uno por uno hasta llegar a esa cifra, sirven para remarcar la ausencia y reiterar la innegable visibilidad de los jóvenes perdidos. Como los desaparecidos políticos en otros países de América, los 43 nos pesan a todos porque no pueden dejar de estar presentes por su ausencia ni logran estar ausentes en su presencia.

La pregunta que se impone ahora es: ¿qué tiene que ver con el racismo la violencia que asuela a México? Mi respuesta es: mucho. Pero para iniciar esta discusión hay que plantear primero otras interrogantes: ¿qué nos enseña la súbita visibilidad de los 43 estudiantes sobre la situación anterior de invisibilidad que rodeaba a tantos asesinados y desaparecidos en México?

¿Por qué estas 43 víctimas sí merecieron tener un nombre y un apellido, un reconocimiento social a su condición, si tantas otras, incontables más, no lo habían merecido y siguen todavía sin recibirlo?

El afán de plantear estas preguntas no es, de ninguna manera, negar o disminuir la importancia de los 43, o volver a sumergirlos en la invisibilidad en la que han perecido y desaparecido tal vez más de 100 000 seres humanos en los últimos años.

Utilizo cifras vagas porque una de las muestras más dramáticas de la indiferencia que ha rodeado a las víctimas de la violencia en México es, precisamente, el hecho mismo de que ni el Estado ni la sociedad nos hemos preocupado por identificar y contar con precisión a los muertos y desaparecidos. Según he sabido por personas que trabajan en los departamentos gubernamentales relacionados con esta labor, hace ya varios años que tanto el gobierno federal como los estatales han omitido sus obligaciones elementales de mantener un registro exhaustivo y riguroso de las víctimas de la violencia.

En este sentido, el 15 de febrero de 2015 el Comité de las Naciones Unidas contra la Desaparición Forzada "regañó" de manera pública al gobierno por su incapacidad para proporcionar información confiable sobre el número de víctimas de este crimen contra la humanidad en nuestro país.[1]

Estas omisiones son indicativas de algo más que ineptitud por parte de las autoridades, son evidencia de la absoluta negligencia del Estado en el cumplimiento de una de sus obligaciones más elementales, garantizar la seguridad de los ciudadanos y el respeto de sus derechos humanos.

De manera trágica, las cifras incompletas y poco confiables que se manejan se han convertido en otra barrera que nos impide ver, nombrar y reconocer a las víctimas de la violencia. El empleo que hacen las autoridades de las estadísticas, hablando de tendencias a la baja o a la alza en la violencia, de caídas en el número de muertos, tal como si se tratara de movimientos en el tipo de cambio del peso, despersonalizan de manera cruel a los asesinados y desaparecidos. Los convierten en una masa anónima, en simples números, no en un grupo de personas con vidas y familias, ocupaciones y rostros.

Ésta es precisamente la clave de la relación entre el racismo mexicano y la violencia: la invisibilidad de las incontables víctimas en la muerte es la trágica consecuencia de la discriminación que las hizo invisibles en vida. Ambas son producto de la exclusión que padecen amplios sectores de la sociedad mexicana en los más diversos escenarios de nuestra vida pública y social.

Esta discriminación se inicia en el hecho evidente de que la mayoría de las mexicanas y mexicanos no son representados por los medios de comunicación, ni reconocidos por la prensa, ni

[1] Isabel Saco, "México, regañado por Comité de la ONU, promete una Ley de Desaparición Forzada en junio", *Sin Embargo*, 3 de febrero de 2015: http://www.sinembargo.mx/03-02-2015/1238278.

incluidos en las imágenes de la publicidad y de la cultura de consumo. La exclusión de estos millones de compatriotas de las representaciones públicas que dominan a nuestra sociedad no tiene nada de casual ni tampoco es inofensiva. Es el producto más evidente del profundo racismo que caracteriza nuestra vida nacional.

En los siguientes capítulos discutiremos cómo funciona esta diferenciación y exclusión racista y veremos que las imágenes de la "blancura" se asocian a la riqueza y al privilegio (así como al éxito y la felicidad), mientras que el aspecto de los "mestizos" y los "indígenas" se vincula con la pobreza y la marginación (y también con la criminalidad y los vicios). A su vez, los "negros" y los "chinos", los "judíos" y los "libaneses" son considerados como extraños a la nación. Estas concepciones discriminatorias han sido construidas a lo largo de siglos de historia de nuestro país y consolidadas por la leyenda del mestizaje en México.

Gracias a este racismo, la brutal desigualdad de nuestra sociedad nos resulta más natural y llega a parecernos incluso inevitable: los pobres deben ser pobres porque son diferentes a los ricos, desde su mismo aspecto físico más moreno, y por ello de alguna manera resulta fácil pensar, y afirmar, que su pobreza es culpa propia.

Esta relación, y los prejuicios que fomenta, forma parte de nuestra interacción cotidiana, de las reglas de nuestra convivencia social. El color de la piel se usa continuamente para determinar quién puede tener acceso libre a edificios privados, a antros y centros comerciales, o quién debe ser vigilado y cuestionado, o de plano excluido; determina también quién es maltratado por la policía y quién es considerado sospechoso de actividades criminales. También determina el valor "noticioso" de la muerte de las personas: la regla parece ser que el asesinato de una persona blanca y privilegiada provocará mucho más revuelo y será mucho más visible que la muerte de una persona más morena y más marginada.

Por ello, reitero que el racismo y las discriminaciones que fomenta son una de las razones que han cegado a nuestra sociedad ante las atrocidades que la atraviesan y ahora amenazan su misma supervivencia. Nuestros prejuicios raciales han tendido cortinas de indiferencia y de desprecio que hacen invisibles a las víctimas de la violencia a nuestro alrededor y entre nosotros. Ésta es una razón urgente y fundamental para denunciarlos y combatirlos de manera frontal.

CUATRO EJEMPLOS MÁS DEL CRUCE ENTRE RACISMO Y VIOLENCIA

Los siguientes cuatro ejemplos demostrarán la manera en que la devaluación racista de las mujeres y los hombres más pobres de nuestro país aumenta su vulnerabilidad ante la violencia criminal y del Estado, acentuada de por sí por su pobreza y marginación social.

Los feminicidios de Ciudad Juárez

El primero lo constituyen las incontables víctimas de los feminicidios de Ciudad Juárez, Chihuahua, ocurridos en las décadas de 1990 y 2000. El que las asesinadas fueran mujeres humildes y generalmente de piel morena seguramente fue una de las causas que hicieron que nuestra sociedad reaccionara con tan poca eficacia ante tal masacre y que las autoridades no persiguieran los sucesivos crímenes con la energía deseable. Desde luego, también contaba en su contra el que fueran migrantes pobres en un centro urbano en el que pocos las conocían, solteras sin familiares varones que las "protegieran", además de tener una vida social y sexual que rompía los tabúes impuestos por el moralismo y el machismo.

En su desgarradora novela *2666*, Roberto Bolaño describió con obsesiva minuciosidad el sistemático exterminio de cada una de estas víctimas aquejadas por una quíntuple marginalidad (ser mujeres, ser pobres, ser jóvenes solas, ser "inmorales" y también ser "morenas"), así como la brutal indiferencia que las rodeaba. Recuerdo que cuando leí esta novela hace una década, su prolijidad me pareció difícil de entender. Vista desde el México de hoy, sin embargo, la descripción detallada de cada uno de los cuerpos de las víctimas y de la formas brutales en que fueron asesinadas y desechadas puede considerarse un antídoto contra la invisibilidad, un recordatorio de la precaria humanidad de esas muertas anónimas e incontables que el resto de los mexicanos devaluábamos e ignorábamos (con las honrosas excepciones de los activistas que lucharon a lo largo de tantos años para hacer visible este feminicidio genocida).

La guerra contra el narco

El segundo ejemplo es el de las víctimas de la "guerra contra el narcotráfico" declarada por el gobierno de Felipe Calderón a partir de 2007. En esta falsa guerra, los muertos por la violencia criminal y también por la violencia estatal fueron hechos invisibles por una nueva razón, además de su marginalidad, su pobreza y su color de piel: porque supuestamente eran criminales.

Esta justificación llevó a la construcción de una distinción perversa que se difundió de manera muy poco crítica en las declaraciones del gobierno, las noticias de la prensa y la opinión pública: la separación entre víctimas "civiles", presumiblemente inocentes y que, por lo tanto, no debían haber caído, y víctimas supuestamente "criminales" que podían y debían ser ultimadas por las fuerzas del orden público, o por los otros criminales.

En este ambiente de guerra ilegal y de abierta violación a los derechos humanos, cualquiera puede ser acusado de ser criminal por una autoridad, sin pruebas ni proceso y mucho menos demostración ni sentencia legal, y de esta manera ser convertido en una persona asesinable e invisible.

Por otro lado, tampoco resulta sorprendente que la mayor parte de los muertos que han sido catalogados como "criminales" y cuya desaparición ha sido considerada por lo tanto justa, o cuando menos aceptable, pertenezcan a la mayoría de los mexicanos que también son discriminados y hechos invisibles por el racismo. En este caso, como en el de Ciudad Juárez, no pretendo afirmar que las víctimas fueron ultimadas debido a su color de su piel o por su aspecto físico, pero sí propongo que estos factores contribuyeron a que la violencia ejercida contra ellas fuera menos visible, resultara menos escandalosa, importara menos, fuera más aceptable.

Ésta es una de las características más perversas del racismo mexicano, y de todos los racismos en el mundo: la manera en que se combina con otras formas de discriminación, de exclusión y de violencia, debidas a las diferencias de genero y a las preferencias sexuales, a la pobreza y la marginación económica, a una situación legal precaria y a la falta de derechos humanos, y las hace peores, más justificables, menos criticables.

Los inmigrantes de San Fernando

El tercer ejemplo muestra con horrible claridad la manera en que las diferentes formas de racismo, exclusión y discriminación se combinan para generar indiferencia frente a crímenes y actos de violencia que, con toda justicia, debían producir horror y repulsa.

Las sucesivas masacres de más de 200 inmigrantes centroamericanos y sudamericanos realizadas en el pueblo de San Fernando en el estado de Tamaulipas entre 2010 y 2011 no despertaron la indignación de la opinión pública mexicana debido a que las víctimas reunían varias características que los hacían invisibles: estaban en nuestro país sin los documentos migratorios exigidos por el gobierno (eran "ilegales", por usar el término que se aplica a los mexicanos que cruzan la frontera a Estados Unidos en las mismas circunstancias), eran pobres y... eran mayoritariamente de tez oscura y rasgos "indígenas".

Tlatlaya

El cuarto ejemplo es la muerte de 22 personas como resultado de una acción del Ejército mexicano en Tlatlaya en el Estado de México el 30 de junio de 2014. El título de la nota publicada por el diario español *El País* el 1 de julio resumía elocuentemente la actitud del gobierno ante estas víctimas: "Sólo doce palabras por cada muerto". La nota describía el primer boletín emitido por el Ejército en relación con esos sucesos, que los presentaba como un enfrentamiento entre criminales armados y las fuerzas armadas, y luego explicaba:

> La versión oficial de la matanza [...] ocurrida este mismo lunes a dos horas en coche de la capital federal, encierra en 273 palabras una sangría que en otras latitudes habría desatado mil sospechas y generado otras tantas explicaciones, pero que en México, un país donde a diario mueren agentes baleados por los narcos, no ha movilizado a

ningún partido político. Para muchos representa un episodio más de una guerra que sigue, enconada y terrible, pero con sordina.[2]

Esta macabra aritmética de palabras y de víctimas es una muestra elocuente de la invisibilidad de la que hablamos. A ojos de las autoridades castrenses, bastaba con acusar de criminales a los asesinados para que su eliminación fuera justificada y no mereciera mayor discusión, ni siquiera el respeto mínimo de darles nombre y apellido. El resto de la opinión pública aceptó con facilidad la "criminalización" de las víctimas porque estas personas pertenecían desde antes a la mayoría de los invisibles de nuestro país, borradas del escenario público mexicano por una suma de marginalidades y exclusiones: geográficas (se trataba de un lugar apartado en una región donde el Estado ha sido incapaz de controlar la presencia del crimen organizado); sociales y económicas (las víctimas eran pobres y marginales); de acceso a la justicia (nadie habló por los muertos ni emprendió su defensa legal ante las acusaciones de narcotráfico que supuestamente justificaban su homicidio), y también raciales (eran el tipo de mexicanos que nadie ve, pues no pertenecían a la gente "bonita").

Resulta revelador que hayan sido periodistas extranjeros —Mark Stevenson para Associated Press, agencia que decidió hacer público su artículo primero en periódicos estadounidenses, y el reportero español Pablo Ferri Tórtola y la fotógrafa boliviana Nathalie Iriarte en un artículo para la revista *Esquire Latinoamérica*— quienes revelaron en julio y septiembre, respectivamente, que los sucesos habían sido muy diferentes, pues los testimonios de las únicas sobrevivientes indicaban que se trató de una masa-

[2] Jan Martínez Ahrens, "Solo 12 palabras para cada muerto", *El País*, 1 de julio de 2014: http://internacional.elpais.com/internacional/2014/07/01/actualidad/1404240962_027239.html.

cre perpetrada por el Ejército. Pocos días después, el propio Ejército detuvo a ocho militares por su actuación en este incidente y el 15 de octubre la Comisión Nacional de los Derechos Humanos (CNDH) confirmó esta versión. Sin embargo, en noviembre la Procuraduría General de la República (PGR) declaró que los resultados de las investigaciones por este caso habían sido "reservadas" como secreto de Estado por 12 años.

Significativamente, en la página web en que *Esquire Latinoamérica* publicó su reportaje, un lector escribió el siguiente comentario, que cito textualemte (con la mala ortografía y la procacidad que suele acompañar a los exabruptos racistas):

> Eran secuestradores y asesinos... Vil basura, para que los querían vivos, para que los arrestaran y algún abogado corrupto los sacara de la cárcel falsificando papelería y volvieran a ser lo mismo, ni la vida de miles de estas lacras vale lo que una sola persona secuestrada...[3]

Este discurso cargado de odio confirma la manera en que las distintas formas de discriminación que se practican en nuestro país, más la perniciosa retórica de la guerra contra el crimen, han deformado a la opinión pública en el México del siglo XXI. Por ello me parece indispensable reconocer el impacto nocivo de estos prejuicios.

LA NECROPOLÍTICA DE LA DESIGUALDAD

La marca del racismo en México se puede rastrear, entonces, desde los feminicidios de Ciudad Juárez hasta la matanza de Tlatlaya,

[3] Pablo Ferri Tórtola, "Testigo revela ejecuciones en el Estado de México", *Esquire Latinoamérica*: http://www.esquirelat.com/reportajes/14/09/17/esxclusiva-esquire-Testigo-revela-ejecuciones-ejercito.

se encuentra en nuestros problemas más graves, desde la desigualdad económica hasta la prevalencia de la violencia y la ilegalidad, desde la debilidad de nuestras instituciones democráticas hasta la definición de quiénes son visibles y admirables y quiénes deben vivir y tal vez morir en la invisibilidad.

No sostengo que ésta sea la única causa de todas esas problemáticas, y ni siquiera, en muchos casos, la principal. Tampoco propongo que eliminar el racismo permitiría resolver por completo los conflictos que nos atribulan. Lo que sí me interesa es poner en evidencia que estos problemas e injusticias se agravan y profundizan por la prevalencia del racismo y las formas de discriminación, exclusión y segregación que produce.

En un ensayo muy influyente publicado en 2003, el filósofo político camerunés Achille Mbembe propuso analizar el poder en nuestras sociedades contemporáneas a partir del concepto de "necropolítica", es decir, de la manera en que el Estado y otros grupos que ejercen el poder deciden quién debe morir y quién puede vivir. En sus propias palabras:

> [...] la política define en la actualidad, como su objetivo principal y absoluto el asesinato de su enemigo, bajo la cobertura de la guerra, de la resistencia o de la lucha contra el terror. La guerra sirve, finalmente, tanto como un medio de establecer su soberanía como un medio para ejercer su derecho a matar.[4]

Más adelante, Mbembe afirma: "La función del racismo es regular la distribución de la muerte y hacer posibles las funciones

[4] Achille Mbembe, "Necropolitics", *Public Culture*, vol. 15, núm. 1, 2003, p.11. Traducción del autor.

asesinas del Estado. Es, como dice Foucault, 'la condición para la aceptabilidad de matar a alguien'".[5]

El auge de la violencia en México en los últimos 10 años, impulsado por la irresponsable y atroz retórica de la "guerra contra el narcotráfico", ha hecho que esta visión del poder nos resulte trágicamente familiar.

De hecho, podemos plantear que una de las disparidades más apremiantes que aquejan a nuestra sociedad es precisamente la desigualdad necropolítica: la facilidad e impunidad con que muchas mexicanas y muchos mexicanos son asesinados, desaparecidos, torturados y secuestrados significa que el derecho a la vida, y los demás derechos humanos más elementales, no son repartidos de manera igual entre los ciudadanos mexicanos. Existe en el México del siglo XXI una compleja y desigual geografía de la muerte que afecta de manera particularmente grave a ciertos grupos: los jóvenes marginados de las zonas rurales y urbanas, las mujeres, las personas con identidades sexuales no tradicionales, los periodistas, los grupos campesinos cuyos territorios contienen recursos naturales valiosos. Lo más grave de la necropolítica de la desigualdad es que la vulnerabilidad de estos grupos no parece preocupar al Estado ni a los grupos más poderosos de la sociedad, y en muchos casos existe debido a la complicidad activa de ambos.

Las ideas de Mbembe nos permiten comprender de manera más cabal las dimensiones profundas y escalofriantes de la violencia contemporánea en nuestro país. También nos deben llevar a analizar de manera más crítica los discursos que alimentan y justifican el odio, que criminalizan, deshumanizan y vuelven

[5] *Ibid.*, p. 17.

invisibles, o peor aún asesinables, a las potenciales víctimas de la violencia del Estado y de los grupos criminales.

En 2013, el connotado intelectual Roger Bartra afirmó respecto a los maestros que protestaban contra la reforma educativa:

> La CNTE pertenece al viejo mundo de la cultura nacionalista revolucionaria que lentamente se está desvaneciendo y está contaminada por la putrefacción de una cultura sindical que se resiste a desaparecer del panorama político. Su reacción contra la reforma educativa es el estertor de un magisterio decrépito que se opone a la renovación y a la evaluación de su trabajo [...] Estamos ante el espectáculo de miles y miles de pobres maestros, que vienen de un mundo que se extingue y que se pudre [...] Las protestas de la CNTE revelan el peso de un mundo viejo que se derrumba, con sus caciques sindicales, sus mediaciones corruptas, sus costumbres caducas y la decadencia de una gran masa de maestros mal educados y malos educadores, que se resisten al cambio. Un mundo en camino de desaparecer es peligroso, pues alberga la desesperación de sectores sociales enervados llenos de rencor. Son seres humanos que sufren una gran dislocación y que deben hallar un lugar fuera del mundo que se deshace.[6]

Éste texto emplea un vocabulario racista para propugnar "desaparición" de un amplio sector de la población al que devalúa con los argumentos característicos del odio racial en todo el mundo. En primer lugar, utiliza engañosas metáforas biológicas de decadencia y putrefacción para rebajar a la colectividad que se quiere eliminar; en segundo lugar, recurre a un falso evolucionismo que establece una distinción artificial entre grupos y personas

[6] Roger Bartra, "Insurgencias incongruentes", *Reforma*, 10 de septiembre de 2013.

modernas que merecen vivir y prosperar y personas y grupos caducos u obsoletos a los que condena a morir; en tercer lugar, atribuye al grupo discriminado sentimientos irracionales, como "desesperación", "enervamiento" y "rencor", que sirven para menospreciar sus argumentos políticos y descalificar su inteligencia y su capacidad de acción política.

Al señalar el racismo de este texto no pretendo marcar a su autor, sino cuestionar el uso de un lenguaje discriminatorio demasiado frecuente en nuestro país.

Lamentablemente este tipo de discursos de criminalización y devaluación, repetidos hasta el cansancio en diversos contextos políticos, no están tan alejados de la indecible crueldad con que los asesinos del joven Julio César Mondragón, alumno de la Normal de Ayotzinapa, desollaron su rostro y le arrancaron los ojos el 26 de septiembre de 2014 en Iguala.

La vileza detrás de un crimen como ése no es susceptible de comprenderse ni explicarse, pero tampoco puede ignorarse. Por ello abrió un vacío irreparable en la conciencia de la nación y alimentó una demanda igualmente impostergable por justicia.

Por desgracia desde septiembre de 2014 el gobierno, los partidos políticos y el Estado en su conjunto han mostrado una absoluta incapacidad para encontrar un camino que nos aleje de ese despeñadero de violencia, discriminación, indiferencia e impunidad. Su inacción culpable, sus intentos reiterados por administrar simulacros de justicia, su patética apropiación de los lemas de la protesta y su desesperada insistencia en que todo debe volver a la normalidad han dejado claro que es tarea de la sociedad iniciar la reparación de las brechas que nos separan y nos han vuelto tan mezquinos, tan indiferentes, tan vulnerables y tan desamparados.

Un ejemplo grotesco de la crueldad del régimen de desigualdad necropolítica que impera en el México del presente fue la manera en que las investigaciones para dar con el paradero de los 43 revelaron la existencia de una cantidad sorprendente de fosas clandestinas con víctimas anónimas de la violencia criminal y estatal en los alrededores de la ciudad de Iguala.[7]

Cada vez que anunciaban que los restos humanos encontrados en las tumbas masivas no eran los de los 43 estudiantes, los funcionarios del gobierno parecían expresar un cierto alivio, como si los asesinatos de esos otros mexicanos, que no merecían tener rostro ni nombres, no fueran relevantes, como si no fuera su obligación constitucional investigarlos y castigar a los culpables, como si no fueran su responsabilidad también las omisiones y complicidades que permitieron que tantas víctimas encontraran un fin tan terrible en medio de la invisibilidad, el silencio y la indiferencia.

En noviembre de 2014, David Huerta escribió un poema en homenaje a los estudiantes desaparecidos que describe nuestra situación con desesperada elocuencia. Cito un fragmento:

> Esto es el país de las fosas
> Señoras y señores
> Este es el país de los aullidos
> Este es el país de los niños en llamas
> Este es el país de las mujeres martirizadas
> Este es el país que ayer apenas existía
> Y ahora no se sabe dónde quedó
>
> Estamos perdidos entre bocanadas
> De azufre maldito
> Y fogatas arrasadoras

[7] Véase Témoris Grecko, "Te buscaré hasta encontrarte", *diario19.com*, 19 de febrero de 2015: http://diario19.com/archivos/8563.

Estamos con los ojos abiertos
Y los ojos los tenemos llenos
De cristales punzantes

Estamos tratando de dar
Nuestras manos de vivos
A los muertos y a los desaparecidos
Pero se alejan y nos abandonan
Con un gesto de infinita lejanía

2

Los múltiples rostros del racismo mexicano

¿QUÉ ES EL RACISMO?

Para poder discutir el racismo que impera en nuestro país, es necesario definir qué entendemos por este término.

Al nivel más elemental, podemos definir el racismo como una forma de distinguir entre las personas en función de sus características físicas y de sus supuestas diferencias naturales o biológicas. Desde su surgimiento en el siglo XVI en Europa y en sus colonias americanas, y a partir de su consolidación como una forma de pensamiento científico europeo en el XVIII, el racismo se ha centrado en las diferencias que los grupos humanos tienen en el color de su piel y en un puñado de rasgos físicos muy definidos: el color y la forma del cabello, el color de los ojos, la forma de la nariz y la boca, la forma de la cabeza. Estas distinciones meramente físicas han servido para concebir la idea de que la humanidad está dividida en cuatro o cinco grandes razas que son oriundas de los grandes continentes: la blanca de Europa, la amarilla de Asia, la negra de África, la indígena de América y la australiana y melanesia de Oceanía.

A partir de estas distinciones físicas, el racismo inventó una falsa jerarquía entre las razas. Como los principales pensadores racistas eran europeos, consideraron que la raza superior era la blanca, seguida por la amarilla; la australiana, la negra y la indígena se disputaban a sus ojos el último lugar en este escalafón. En función de esta clasificación, se le atribuyeron a cada raza características morales diferentes: los indios eran supuestamente ladinos e indolentes; los negros, inmorales y flojos; los blancos, industriosos e inteligentes; los amarillos, inescrutables y astutos; los australianos, primitivos e incapaces.

Esta jerarquización artificial de las razas parece hoy casi ridícula, sobre todo por la manera egocéntrica y pueril en que los propios europeos se atribuyeron las más elevadas virtudes, como niños malcriados que quieren definir las reglas del partido y no vacilan en hacer trampa para ganar. Sin embargo, ha tenido consecuencias mucho más nocivas que un simple juego.

Desde el siglo XV hasta fines del XIX, los europeos y los americanos llevaron a cabo un violento y lucrativo tráfico con los "negros" que convertían en esclavos. Así, secuestraron a más de 10 millones de personas de África, los trasladaron contra su voluntad a través del Océano Atlántico y luego los vendieron y los forzaron a trabajar en plantaciones, minas y ciudades de toda América, incluido México. Millones de mujeres, hombres y niños murieron a resultas de este infame comercio de personas y otros millones más vieron sus vidas brutalmente trastornadas por el simple hecho de tener un color de piel particular.

Hasta hoy, el racismo contra las personas que son o parecen de origen africano, llamadas todavía "negros", es una realidad lacerante en todo nuestro continente, desde Canadá hasta Argentina, en Europa y en la misma África. En México nos negamos a reconocer la existencia de los descendientes de estos esclavos y los hacemos objeto de discriminación.

Los nativos de América, llamados "indios" por los colonizadores europeos, también fueron definidos como una raza inferior.

En función de ello, desde el siglo XIV hasta el XXI se les ha conquistado y sometido de manera violenta, matando a millones de ellos en el proceso, luego se les ha obligado a trabajar para los europeos, en algunos casos también en forma de esclavos, se les ha forzado a abandonar sus religiones y adoptar el cristianismo, se les ha despojado de sus tierras y se les ha llegado a desplazar en grandes grupos. Aún hoy, personas refinadas los hacen objeto de burla y desprecio.

También las personas de origen asiático, definidas como "amarillas", han sido objeto de discriminación, esclavización y no pocas matanzas, varias de ellas perpetradas en México en el siglo XX. Así pasó con aproximadamente 200 chinos y mexicanos descendientes de chinos que fueron masacrados en Torreón, Coahuila, en 1911.

El racismo contemporáneo de nuestro país, de *Lady Tijuana* a Córdova Vianello, de la televisión a las familias, es descendiente directo de estas formas de clasificar y discriminar a los seres humanos.

En el México del siglo XXI, no habría "güeros" y "nacos" si antes no se hubiera separado a "españoles", "criollos", "mestizos", "indios", "negros" y "chinos" bajo el régimen colonial español y luego si el México independiente no hubiera discriminado a estos grupos. Desde hace cinco siglos el poder y el privilegio en nuestro país pertenecen primordialmente a los "blancos" y los que no lo son, o no lo parecen, han sido privados de diversas maneras de sus derechos.

Las diferencias supuestamente raciales que encontramos hoy en nuestra sociedad, y que perpetuamos cuando nos dejamos conducir por nuestros prejuicios y practicamos el racismo, no son inventadas, aunque sean artificiales, sino el producto de una historia centenaria de desigualdad y discriminación.

Nada más por esta razón histórica, por la larga cauda de muerte y violencia, de despojo y explotación que trae consigo, no podemos decir que el racismo mexicano es "inocente" o "trivial".

EL RACISMO SÍ EXISTE, LAS RAZAS NO

Más allá de esta triste y brutal historia, lo que sí podemos afirmar sin la menor duda, es que el racismo no se refiere a ninguna esencia biológica, porque las razas como las ha definido no existen en la realidad.

Las diferencias físicas, incluso genéticas, entre aquellos que nos parecen más blancos y aquellos que nos parecen más morenos, o más negros, no son realmente importantes. Esto es algo que la biología moderna ha demostrado una y otra vez.

En primer lugar, existe la misma o mayor variación genética entre dos individuos africanos, o dos personas indígenas o dos sujetos europeos, como la que puede existir entre un negro y un blanco, o entre un indígena y un asiático. Esto quiere decir que las generalizaciones sobre "los indios", o "los negros", o "los blancos", no tienen ninguna base científica, pues cada uno de estos grupos es tan diverso en su interior como es distinto a los demás.

En segundo lugar, no existe ninguna asociación real entre el aspecto físico de las personas y sus capacidades intelectuales, morales o humanas. Los canallas tienen todos los colores y formas de cabello, y la gente noble no se puede encontrar por su tono de piel.

Lo mismo se puede decir de los genes. La ciencia genómica moderna ha mostrado que ciertas poblaciones humanas son particularmente susceptibles a algunas enfermedades hereditarias, como las personas de extracción indígena a la diabetes, y los afroamericanos a la hipertensión, o las mujeres de origen judío al cáncer de mama. Sin embargo, eso no significa que todos los miembros de estos grupos estén condenados a padecer estas dolencias, ni que los factores sociales y ambientales dejen de jugar un papel igualmente significativo en su salud.

El brutal crecimiento en la diabetes y el sobrepeso en nuestro país es resultado fundamentalmente de los cambios en la alimentación de la mayoría de la población mexicana producidos por la urbanización y el auge en el consumo de la comida chatarra y de los refrescos, impulsados por una incesante promoción que hacen las grandes compañías, guiadas únicamente por su afán de lucro.[1] También se deben al encarecimiento de los productos alimenticios de mejor calidad o más "naturales". Por ello, es una trampa atribuir estas enfermedades al supuesto origen racial de las personas y entonces culparlas a ellas por los males que padecen, sin responsabilizar a las compañías que insisten en vender comida de pésima calidad y con nulo valor nutricional para hacer negocio. Esta "racialización" de la enfermedad puede tener efectos tan nocivos, como hace dos siglos los tuvo asociar la piel negra con la institución del esclavismo y culpar a los negros de su propia condición de esclavos.

Por esta razón, cualquier crítica del racismo debe partir de la certeza de que las maneras en que clasificamos a los seres humanos por su color de piel, sus rasgos faciales y la forma de su cabello no tiene nada que ver con diferencias naturales entre ellas. Por el contrario, son una manera engañosa de hablar de otro tipo de distinciones, económicas, sociales, culturales y políticas, y de convertirlas en características supuestamente naturales.

[1] Discuto este tema en un artículo sobre el promocional grabado por la Coca-Cola en la sierra mixe en diciembre de 2015: "Azúcar y navidad en tierra mixe", *Horizontal*, 7 de diciembre de 2015: http://horizontal.mx/azucar-y-navidad-en-tierra-mixe/.

El verbo "racializar" (*racialize*), acuñado por los estudiosos del racismo en Estados Unidos, se refiere precisamente a la manera en que las desigualdades y las diferencias sociales y culturales son inscritas en los cuerpos de las personas, asociadas con su aspecto físico, convertidas en diferencias supuestamente "naturales" y que son responsabilidad de las personas mismas. En ese sentido, se puede decir que las razas no son reales en la biología, pero que el racismo sí existe en nuestra realidad social y cultural, gracias a la "racialización".

Por ello es importante que distingamos las formas de discriminación y segregación que existen en nuestras sociedades de los cuerpos de las personas donde insistimos en anclarlas. No hay que olvidar que la pobreza y la injusticia son "racializadas" cuando las asociamos con un color de piel y un aspecto físico, pero nunca son realmente raciales, porque no son inherentes a quienes las padecen y menos aún son su culpa, por una supuesta incapacidad o inferioridad. Sólo a partir de esta distinción clave podemos comenzar la crítica del racismo que es tan urgente emprender.

UN RECORRIDO POR LAS FORMAS DEL RACISMO MEXICANO

En este capítulo y el siguiente emprenderé un recorrido lleno de anécdotas para mostrar las diferentes formas en que se practica el racismo en México, desde las familias hasta los medios de comunicación y la calle. Estoy seguro de que esta variedad de escenas y de descripciones cotidianas resultará familiar a muchos lectores y espero que juntos reconozcamos las dimensiones de discriminación y de exclusión que se sustentan en estas frases y dichos, en estas actitudes y prejuicios.

Una historia familiar

Mi itinerario iniciará por la historia de mi familia. La incluyo aquí no por sensacionalismo ni porque quiera presentarme como una víctima, sino por honestidad, porque este recuerdo íntimo y doloroso es la razón por la que me he interesado por este tema desde que tengo memoria y por la que siempre he sabido que México es un país racista.

También lo hago porque intuyo que para muchos mexicanos la discriminación racial empieza también en casa, en el seno de la familia, con las distinciones definitorias que se establecen entre hijos y hermanos, primos y sobrinos, en función de su supuesta belleza, definida generalmente a partir del color de su piel, de sus ojos y de su cabello.

Desde que yo era pequeño mi madre me contaba, con amargura y con un resentimiento que nunca pudo superar, las anécdotas de la manera en que sus familiares hacían claras distinciones entre sus hermanas rubias y de ojos claros, las "güeras", y ella, la que tenía ojos negros y cabello y piel más oscuros, llamada la *More*.

La diferencia de color entre las niñas se traducía de manera casi automática en una jerarquía de belleza. La blancura de las "güeras" era fuente de orgullo familiar, su cabello dorado y lacio se dejaba crecer hasta la parte baja de su espalda y era cuidado con paciencia y esmero para convertirlo en un objeto de exhibición pública.

En cambio, la cabellera oscura y crespa de mi madre era objeto de lamentación, por ser considerada "fea" o "indomable". El rechazo a la forma y color de su pelo llegó, lamentablemente, hasta la franca agresión contra su persona. En más de una ocasión un tío acomedido, o más bien cabrón, llevó a mi madre pequeña a una peluquería de varones y la hizo rapar contra su voluntad, con la intención de "mejorar" su cabello. Estos ataques contra la integridad física de una niña de pocos años, y la incapacidad o falta de voluntad de sus padres para protegerla del tío agresor, dejaron una profunda huella en la memoria de mi madre y lastimaron de manera irremediable la imagen que tenía de sí misma.

En su mente, ser la morena de la familia quedó irremediablemente asociado con ser la menos bonita y la menos querida. Las distinciones vividas desde su más tierna infancia la marcaron también con una profunda, tal vez exacerbada, sensibilidad hacia la discriminación racial. Recuerdo todavía cómo se estremecía cada vez que un pariente lejano la llamaba con su sobrenombre infantil, *More*, pese a que hacía esfuerzos por disimular su incomodidad y por ocultar el sentimiento de rechazo que ese apodo familiar despertaba en ella.

No es sorprendente que la *More* se haya convertido en una joven rebelde y que se haya sentido siempre un poco al margen de sus parientes, confrontándose de manera continua con la autoridad paterna y con las reglas familiares. Como nieto, puedo atestiguar que sus padres la querían y la cuidaban tanto como a sus hermanas las güeras, pero también me di cuenta desde niño de que ella no podía reconocer ese amor de la misma manera, que siempre se sentía menos querida y menos aceptada.

Tal vez esta memoria imborrable de discriminación haya sido una de las razones, aunque estoy seguro de que no la principal, por las que eligió como pareja a un muchacho de piel más oscura que ella. Aunque la familia inmediata aceptó sin vacilación a su novio y luego esposo, otros parientes más lejanos no dejaron de expresar su preocupación por esta oportunidad perdida de "mejorar la raza". Cuando yo nací, una tía acomedida, o más bien cabrona, felicitó a mi madre porque no le había salido "tan moreno". Implícita en su cumplido venía una puya contra el color de piel de mi padre, y contra mi madre misma por no haber elegido una pareja más blanca y de situación social más encumbrada, como deben hacer las señoritas decentes.

La fortuna racial de promediar los tonos de piel de mis progenitores no me libró de otros rozones con el racismo. Debo decir que nunca experimenté ningún tipo de discriminación en mi familia, ni de parte de mis padres, ni de mis tías ni primos, que eran más "güeros" que yo.

Sin embargo, no he olvidado una fiesta infantil a la que acudí con seis años de edad, más o menos, en compañía de ellos. Cuando el fotógrafo del evento les pidió posar para una instantánea del recuerdo, yo me uní al grupo con toda naturalidad, pero él me ordenó con cierta exasperación que saliera del cuadro. Recuerdo vagamente palabras que se referían a que no era tan bonito como mis parientes más rubios.

Lo que sí tengo fijo en mi memoria es la reacción de mi madre al presenciar la escena, la manera en que montó en cólera, me tomó entre sus brazos y me apartó de ahí mientras acusaba al fotógrafo de ser un majadero. Ahora creo que ella volvió a vivir, por medio de mi persona, los comentarios y desprecios de que había sido objeto en su infancia y quiso protegerme del mismo destino.

El resultado de su intervención fue paradójico, como eran contradictorios y dolorosos los sentimientos que la inspiraban. Sin su reacción tal vez no recordaría el episodio, pero a la vez es probable que hubiera interiorizado la discriminación, asumiendo que en efecto yo era menos bonito que mis primos por no ser güero y que por ello no merecía salir en la foto. Gracias a mi madre el recuerdo quedó grabado como una forma injusta de discriminación, aunque no consiguió librarme de la convicción que habría de acompañarme por años y que no la abandonó a ella a lo largo de toda su vida: tener la piel más oscura era ser menos bonito.

Esta certeza se hizo más dolorosa en mi adolescencia, ese periodo despiadado en que todas y todos nos confrontamos de manera fatal con los ideales de belleza corporal que no podremos cumplir jamás y en la que nuestros amigos y compañeros ejercen sus burlas contra el más mínimo de nuestros defectos. El racismo que padecí en ese periodo debo agradecerlo a mis mejores amigos de la preparatoria.

Pese a ser alumnos de escuelas privadas y progresistas del sur de la Ciudad de México, con todas las pretensiones intelectuales y artísticas que les correspondían; pese a ser hijos de familias ilustradas y con "conciencia social", estos niños privilegiados compartían sin cortapisas los prejuicios racistas de nuestra sociedad. Por ello, no pudieron resistirse a la tentación de burlarse de mi piel más morena apodándome con sobrenombres indígenas. Así fui bautizado como *el Tizoc*, en honor del personaje "indígena" de la película clásica del cine nacional y también, más despectivamente, como *la Coyolxauhqui*, en alusión al monolito azteca entonces recién desenterrado en el Zócalo de nuestra capital. Más adelante, cuando me corté el cabello que había llevado largo por varios años, un amigo más bien cabrón me dejó claro que yo no parecía un chico *new wave* como él, sino más bien *el rey del barrio*.

Estos apodos eran y me resultaban profundamente denigratorios, pues confirmaban con la irreflexiva crueldad de la adolescencia lo que yo ya sabía de mí mismo: ser moreno me hacía menos atractivo, menos interesante, menos *cool*. La exageración de mis sobrenombres es un ejemplo también del espíritu jocoso de nuestro racismo y la manera irreflexiva y siempre peyorativa con que se combina con el sexismo y el clasismo. Debo decir que aquellos compañeros que parecían "afeminados" o estaban "gorditos" fueron de la misma manera objeto de burlas hirientes. También que la estigmatización de cualquier diferencia corporal o de forma de comportamiento diferente era promovida abiertamente por las mismas autoridades de la escuela comunista y alternativa a la que acudían la mayor parte de mis amigos.

Mis apodos muestran, además, lo limitadas e ideologizadas que eran las referencias que los muchachos de las clases medias de la Ciudad de México tenían del mundo "indígena" y "popular", al que despreciaban tanto como para volverlo objeto de su burla.

El personaje cinematográfico Tizoc (representado, eso sí, por el galán Pedro Infante) es un estereotipo moderno del indio mexicano, sumiso, sufridor y devoto, una fantasía del indigenismo nacional, un producto más del racismo institucional del México del siglo XX. Es claro que los "niñitos bien" de Coyoacán no tenían ninguna otra referencia de la realidad de los pueblos indígenas del momento.

El monolito de la Coyolxauhqui, descubierto en 1979 en lo que ahora son las ruinas del Templo Mayor, se convirtió en una pieza de propaganda para el autoritarismo priísta de aquella época, que buscaba anclarse en el pasado prehispánico a partir de los delirios megalómanos del presidente López Portillo. Una vez más, la imaginación de esa juventud que se creía cosmopolita y refinada no llegaba mucho más lejos que la ideología oficial a la que tanto despreciaban.

Finalmente, el "barrio" del que me coronó monarca mi amigo tenía más que ver con las películas de Tin Tan y de Pepe el Toro que había visto en el canal 4, que con cualquier conocimiento real que pudiera tener de las zonas más populares de la Ciudad de México, a las que les tenía tanto miedo como el resto de sus compañeros.

No he hecho este recuento personal para presentarme como "víctima" de nuestro racismo mestizo. Mi madre nunca afirmó que ser la *More* de su familia le hubiera cerrado puertas de avance profesional y social. Tampoco mi padre vio coartada su carrera a causa de su color de piel.

Por la misma razón, no podría acusar al fotógrafo desconsiderado o a mis burlones compañeros de juventud de haber llevado su discriminación más allá de la mofa. Finalmente, pude asistir a todas las fiestas infantiles a las que fui invitado y formé parte plena de la palomilla adolescente, además me burlé, sin consideración, de las diferencias y defectos de otros compañeros.

En mi vida adulta no puedo quejarme de haber sido víctima de discriminación económica o social en mis estudios ni en mi carrera profesional. Mi condición social me ha proporcionado suficientes ventajas en ambos terrenos.

Sin embargo, aun hoy, pese a ser un profesor de la UNAM que pertenece irremediablemente a la clase media, si calzo huaraches y camiseta puedo ser objeto del escrutinio hostil por parte de los guardias de edificios privados, quienes me tutean de manera irrespetuosa y me preguntan con insolencia qué pretendo hacer en las ciudadelas de privilegio que les toca defender y a las que yo parezco no pertenecer a causa de mi atuendo y mi color de piel.

Me imagino que si fuera más blanco, el simple acto de calzar huaraches no provocaría que mi condición social fuera objeto de duda y podría entrar a los sanatorios y oficinas corporativas sin soportar las prepotentes actitudes de los custodios. Supongo también que me ahorraría los estallidos de furia que estas formas estúpidas de discriminación provocan en mí, tal vez como recuerdo del coraje impotente que invadió a mi madre cuando trató de protegerme de la igualmente estúpida actuación del fotógrafo.

En suma, puedo decir que en México nunca falta alguien que me confirme con una mirada o un tono de voz majadero lo que mi madre me enseñó con el dolor irreparable de la discriminación que había sufrido de niña: que los morenos no son siempre iguales a los blancos, que son menos elegantes, menos privilegiados. También debo afirmar que eso sólo pasa muy esporádicamente, pues mi forma de vestir y mi nivel socioeconómico me colocan firmemente en el campo de los "blancos", pese a mi color de piel.

Dichos y anécdotas racistas

Las anécdotas domésticas como la de mi familia se podrían multiplicar y creo que todos conocemos ejemplos parecidos de racismo entre parientes. Por ello, ahora sólo mencionaré algunos dichos y bromas que he escuchado a lo largo de mi vida y que me parecen representativos de los prejuicios que campean en diversos ámbitos sociales.

Está el amigo burlón, o compasivo, que advierte al orgulloso padre de una niña recién nacida que salió un poco "morenita" que debe ir ahorrando porque tendrá que gastar mucho más en ropa que lo que habría gastado si su bebé fuera blanca. Y quizá, también el invitado más sarcástico que replica brutalmente que no se esfuerce, pues "la mona aunque se vista de seda, mona se queda".

Está la tía solterona y no muy agraciada que defendía su maltrecha belleza repitiendo el refrán: "La blancura es la mitad de la hermosura".

Están los calificativos que se tienen que añadir cuando se exalta la belleza de una mujer de piel más oscura: "Es morena pero bonita" O el uso despectivo del apelativo "La flor más bella del ejido" para descalificar el atractivo de una mujer de aspecto más "indígena".

Está el uso constante y adulatorio del término "güero" para referirse a las personas a las que se les atribuye un nivel socioeconómico más alto en ámbitos como los mercados y los servicios públicos.

Está el joven estudiante de universidad privada que niega la existencia del racismo en México con esta afirmación: "En toda familia hay un güero y un negro, es lo natural".

En una dirección inversa, pero que confirma el sentido dominante de nuestro racismo, está la expresión "güero de rancho", que se usa para referirse a personas que son blancas de piel, pero que por su origen rural, o por su bajo nivel socioeconómico, no pertenecen a las élites sociales.

Los reflejos racistas

A mi juicio, la principal moraleja de esta historia familiar y de las anécdotas que he enumerado es que la repetición de las burlas y juicios negativos sobre la piel morena y los rasgos "indígenas" termina por acendrar y reforzar en la mente y en los sentimientos de los burladores y de los burlados, en los míos y en los de mis compañeros, la convicción de que la belleza se asocia con la piel más blanca y los rasgos más "europeos" y que cualquier otro tipo físico es merecedor de desprecio y escarnio, que ser "güerito" es más deseable y respetable que ser "prieto".

Como muestran los estudios de diferentes psicólogos sociales en Estados Unidos y otros países, estas asociaciones se transforman en arraigadas costumbres por medio de la repetición y de la confirmación de los prejuicios desde la infancia en adelante. Se vuelven, con el paso de los años, reflejos casi automáticos de nuestra mente y de nuestra capacidad de juicio. Son reacciones inmediatas por medio de las cuales determinamos, sin pensarlo siquiera en ese primer instante, quiénes por su aspecto físico pertenecen a "nuestro grupo" y quiénes no, quiénes son amenazantes y ameritan una reacción de desconfianza e incluso de violencia, quiénes son deseables y merecen un buen trato, quiénes son despreciables y provocan molestia.[2]

Para quienes hemos crecido en una sociedad racista como la mexicana, la vinculación automática que establecemos entre el aspecto físico y la condición social de las personas forma parte de las herramientas que empleamos todos los días para juzgar a los demás y, también, a nosotros mismos.

Claro que nuestros pensamientos conscientes pueden y suelen contrarrestar estos prejuicios inmediatos. Tras las reacciones iniciales e irreflexivas de rechazo o de simpatía, entran en juego el juicio racional, la educación, la autocrítica que las atenúan o incluso las contrarrestan. Siempre puede uno controlar, y tal vez avergonzarse íntimamente, de estos "instintos" discriminatorios, aprendidos desde la más tierna infancia en el seno de la familia, en la escuela y en la televisión. Es en esa tesitura que se puede añadir que alguien, uno mismo, es moreno "pero" bonito, o que no "está tan mal" pese a su color.

Hay investigadores que sostienen que estos mecanismos casi automáticos reflejan un instinto humano biológico por separar al grupo propio de los diferentes y hostiles y que, por lo tanto, son inevitables. Yo considero, como otros muchos, que son producto más bien de la larga tradición histórica de discriminación, racis-

[2] Chris Mooney, "Are You Racist? Science is Beginning to Unmask the Bigot Inside your Brain", *Mother Jones*, núm. 1, 2015, pp. 24-63.

mo y desigualdad económica de nuestra sociedad. Es también la manera en que estas diferencias históricas se reproducen día a día y continúan manteniendo las separaciones entre los grupos diferentes.[3]

Las muñecas de colores

Una confirmación aparente del arraigo que tienen en México los prejuicios racistas transformados en los juicios automáticos que asocian el color de la piel más claro con lo bonito y con la bondad, y el color más moreno con lo feo y con la maldad, lo encontramos en un video tristemente célebre que se realizó en 2011 por el Consejo Nacional para Prevenir la Discriminación y la productora independiente de contenidos 11-11 Cambio social.

En el corto de cuatro minutos presentaban a un grupo de niños mexicanos, definidos como mestizos, un par de muñecos con características raciales diferentes: uno blanco de ojos claros y otro moreno oscuro de ojos negros. Los niños debían señalar cuál muñeco les parecía bonito o feo y por qué razón, así como cuál muñeco era bueno o malo y por qué causa. Casi todos los niños respondieron que el muñeco blanco era bonito y bueno mientras que el moreno era feo y malo; luego, cuando se les preguntó a cuál muñeco se parecían más, los que eran más morenos mostraron una franca incomodidad y procuraron identificarse con el blanco y no con el de piel más oscura, aduciendo, por ejemplo, que alguna parte de su cuerpo era más blanca que su rostro o sus manos.

[3] S. Plous, "The Psychology of Prejudice, Stereotyping and Discrimination: An Overview", en S. Plous (ed.), *Understanding Prejudice and Discrimination*, McGraw-Hill, Nueva York, 2003, pp. 3-48.

A ojos de los realizadores del video, este experimento confirmaba la fuerza del racismo en nuestra sociedad. Al final del mismo, presentaban la siguiente explicación:

> Dada la complejidad del tema se realizó un Taller de Racismo con los/as niños/as participantes y sus familias, para generar un espacio de reflexión y contención de las emociones generadas. Los padres de familia dieron su consentimiento para este video con el fin de concientizar sobre el racismo. Se pide absoluto respeto a los/as niños/as participantes que no son un caso aislado sino el reflejo de nuestra sociedad, ya que el racismo se transmite y reproduce culturalmente.

Esta prueba copió a la letra otra llevada a cabo por los psicólogos estadounidenses Kenneth B. Clark y Mamie P. Clark en 1939-1940 con muñecos blancos y negros y con niños afroamericanos. El experimento original había obtenido resultados similares: los niños negros prefirieron casi invariablemente a los muñecos blancos y asociaron su propio color de piel con la fealdad y con cualidades morales negativas.

Una explicación significativa que ofrecen los productores del video mexicano es que tuvieron que utilizar un muñeco "negro", al que aclararon un poco la piel para convertirlo en moreno oscuro, porque no pudieron conseguir en todo México un solo muñeco de plástico con rasgos indígenas. Esta información por sí sola confirma la invisibilidad a la que se condena a todos aquellos mexicanos que no corresponden al ideal de belleza asociado a la "blancura".

Lamentablemente no está disponible al público la documentación detallada sobre la metodología seguida por los realizadores de este trabajo: la manera en que seleccionaron a los niños, el proceso de trabajo con ellos, los controles que establecieron para asegurar la validez de los resultados. Por ello, no es posible afirmar el valor probatorio de este ejercicio. Sin embargo, su impacto en las redes sociales es un signo de la resonancia que alcanzó en nuestro imaginario social.

3

El racismo social

Los siguientes ejemplos nos muestran que el racismo mexicano rebasa lo anecdótico y contribuye a crear un paisaje social profundamente dividido por la discriminación y los prejuicios.

LOS MORENOS NO SON "ASPIRACIONALES"

Hace pocos años una funcionaria cultural de un museo de la Ciudad de México quiso imprimir un cartel con una familia de piel morena para promover una exposición que estaba organizando. Para su sorpresa, se encontró con que todas las imágenes publicitarias de *stock* retrataban únicamente a familias de piel blanca. La ausencia de personas de tez más oscura le fue explicada por el empleado de la agencia fotográfica con una frase tan simple como elocuente: "Los morenos no son 'aspiracionales'".

Para quienes se pregunten por el significado de este neologismo (no reconocido por la RAE), internet me ofreció la siguiente definición:

> [...] la denominada publicidad "aspiracional" se basa en tratar de convencer al posible consumidor sobre la bondad de un producto o de un servicio, situando a éste en un contexto idealizado. Se

> trata de intentar asociar la compra del producto con la obtención de esa situación ideal que puede estar relacionada con un estatus social superior, con la fama, con la belleza física o con un lugar idílico.[1]

La lapidaria explicación del empleado de la agencia de imágenes retrata completo el paisaje de nuestro racismo: no hay publicidad con personas morenas porque en nuestro país sólo los rostros "blancos" y los rasgos "europeos" se asocian con las situaciones "idealizadas", con la fama, con los estatus sociales "superiores" y la "belleza" deseables; es decir, sólo los güeros son "aspiracionales". A los morenos en cambio toca la dura realidad de la pobreza y la marginación, la infamia, la fealdad y los lugares prosaicos.

LAS VIDAS IMAGINARIAS DE BLANCOS Y MORENOS

Esto fue confirmado, al menos parcialmente, por un experimento social realizado en preparatorias privadas de Mérida, Yucatán, por la antropóloga Eugenia Iturriaga. La investigadora presentó a los alumnos una serie de fotografías de personas con tez blanca y tonos de cabello castaño y rubio y otra de personas con rostros morenos y cabello oscuro, sin proporcionarles ninguna información sobre su identidad. Luego les pidió que imaginaran las biografías de cada uno de los retratados.

En torno a los rostros claros, los alumnos construyeron invariablemente historias de éxito, prosperidad y felicidad. Todos tenían trabajos interesantes y vidas cosmopolitas llenas de viajes por el mundo. En cambio, para los personajes morenos inventaron

[1] "Publicidad aspiracional": http://www.gerencie.com/publicidad-aspiracional.html.

historias de pobreza, marginación y alcoholismo, asociadas con problemas familiares. Cabe señalar que sus elucubraciones no se basaron únicamente en el color de la piel y del cabello, pues fueron matizadas en varios casos en función de la ropa y otros marcadores de condición social.

Cuando la antropóloga les relató que la realidad era inversa y que las personas de tez clara eran menos ricas y exitosas que las personas de rostro oscuro, su reacción fue de abierta sorpresa e incredulidad. Días después, una de las muchachas participantes se aproximó a la profesora de la materia que había invitado a Iturriaga y le confesó que ella nunca había pensado que fuera racista, pero ahora se había dado cuenta de que sí lo era.

EL "CONTEO DE BLANCURA EDITORIAL"

En un artículo humorístico pero ligeramente colérico, titulado "¿Quién no es quién?" y publicado en la página de internet de la revista *Nexos*, Mario Arriagada Cuadriello realizó en 2013 un interesante recuento de las formas que toma el racismo en la prensa de "sociales" mexicana, como la revista *Quién* y los suplementos del periódico *Reforma*.[2]

Para documentar el brutal racismo practicado por estas publicaciones, que se proclaman custodias del "glamour", la "sofisticación" y la "belleza" mexicana, realizó un informal e irónico Conteo de Blancura Editorial (CBE) de las personas fotografiadas en ellas y descubrió, sin sorpresa, que son casi exclusivamente "blancas". Por ejemplo, en una de ellas (ni vale la pena decir su

[2] Mario Arriagada Cuadriello, "Quién no es quién", *Nexos*, 1 de agosto de 2013: http://www.nexos.com.mx/?p=15432#ftn3.

nombre) se publicaron imágenes de 666 personas de tez "blanca" y rasgos "europeos" por sólo 11 "morenos"; en otra, 529 por 11; en una más, 348 por 4 (y eso que había un artículo en ese número sobre "la primera mujer indígena que puede llegar a ser gobernadora de Oaxaca"); tampoco faltaron las que no publicaron ni un solo rostro moreno. Arriagada explica, además, que los pocos morenos que aparecen suelen ser "ayudantes" o "acompañantes" que no merecieron ser nombrados siquiera.

El autor recuenta dos entrevistas que realizó para tratar de entender la prevalencia absoluta de los rostros "blancos" en nuestra prensa de "sociales".

La primera fue a una historiadora del arte "güera", quien trabajó con una diseñadora de modas "indígena" para elaborar y comercializar una colección de bolsas de mano, inspiradas en los diseños de la segunda. Lógicamente, las dos posaron juntas al lado de su obra conjunta para un reportaje de una de estas revistas. Sin embargo, al ver las fotografías de la mujer "morena", la editora de esta publicación tan selecta se negó a publicarlas con el argumento, aparentemente incontrovertible, de que ése no era el "target" que estaban buscando. Esta palabrita, como el concepto de "aspiracional", nos muestra de qué manera nuestro racismo contemporáneo se expresa fluidamente en la lengua mercadotécnica de la publicidad.

En otro caso, el articulista habló con un fotógrafo de sociales, quien le confesó un poco avergonzado que cuando acude a cubrir un evento "glamoroso", ya ni siquiera se molesta en tomar fotografías de personas morenas, pues sabe que los editores de los prestigiosos suplementos y revistas no las publicarán y él recibe su pago únicamente por imagen aceptada.

En sus propias palabras, describe de manera cruda el racismo que se ve obligado a practicar en nombre de los "targets" y la estética "aspiracional":

Entonces, te voy a ser honesto, yo como fotógrafo también selecciono a la persona, es decir, si yo veo alguien gordito, chaparrito, morenito, quizá es el director del centro Banamex pero yo no sé, y si estética y visualmente no persigue el perfil que nosotros estamos trabajando, pues lo desprecias, lo quito...

LAS MUJERES DE DOVE

El siguiente ejemplo demuestra el carácter innegociable que adquiere el racismo en el mundo de la publicidad mexicana. En 2005, la marca Dove inició una campaña global para incluir en su publicidad a mujeres que no cumplían con el ideal anoréxico y blanco de la belleza femenina publicitaria. Su objetivo, cacareado en los medios como una innovación radical, era confrontar abiertamente los prejuicios que devalúan los cuerpos más "llenitos" o "curvilíneos" y mostrar de manera favorable a mujeres de diferentes edades y formas de cuerpo, así como a mujeres de diferentes "razas".

En la versión mexicana de esta campaña, sin embargo, las modelos presentadas eran exclusivamente blancas, aunque tenían, eso sí, todo tipo de cuerpos. Cuando Sanicté Bastida, una reportera de la revista *Expansión*, preguntó a la agencia encargada de la campaña en México por qué razón habían excluido a las mujeres morenas o de aspecto indígena, el ejecutivo de la cuenta de Dove respondió de manera abiertamente contradictoria: "No queremos llegar a extremos que sean poco representativos; ésta es una campaña inclusiva". Más adelante añadió, cayendo de nuevo en una incoherencia: "Queríamos ser realmente representativos y eso no tiene que ver con irse a los límites".[3]

[3] Sanicté Bastida, "Cuestión de color. La campaña de la mujer real de

El traspié del publicista, su justificación abiertamente paradójica de la exclusión racial a nombre de la inclusión corporal, es altamente significativo y se puede explicar de dos maneras complementarias.

En primer lugar, muestra que en el medio publicitario de México presentar a mujeres que tengan el fenotipo moreno que tiene el 81% de la población es todavía considerado una acción de alto riesgo. Es decir, cualquier iniciativa de inclusión en nuestro país encuentra límites perfectamente marcados por el ideal de la "blancura aspiracional". Aquellas mujeres que no correspondan con esta definición abiertamente racista de la belleza están condenadas a permanecer invisibles, como los muñecos con rasgos indígenas.

La segunda explicación, tal vez aún más alarmante, es que los publicistas piensan o saben que los consumidores no quieren ver a mujeres morenas, pues comparten el fetiche de la "belleza blanca" que ellos practican y fomentan día a día. Sanicté Bastida demuestra que los compradores de Dove pertenecen al grupo de ingresos más bajos de la población. Tal vez, estos consumidores, lejos de sentirse identificados y representados por las mujeres con fenotipos indígenas y piel más oscura, considerarían que se les señala un origen del que se avergüenzan y que prefieren dejar atrás para adoptar la imagen "aspiracional" de la blancura. O al menos, ése parece ser el temor de los publicistas y ninguno quiere correr el riesgo de "ofender" a este segmento tan lucrativo del mercado.

Lamentablemente no podremos saber cuál es la razón principal de esta exclusión absoluta de las personas morenas, el prejuicio de los publicistas o el de sus audiencias, sino hasta que la

---

Dove palideció en México. ¿Nuestra publicidad es racista?", *Expansión*, 26 de octubre de 2005, pp. 120-122.

publicidad mexicana como industria decida romper con sus prácticas racistas.

Paradójicamente, la misma compañía Unilever, que es dueña de Dove, no había tenido ninguna reserva en burlarse del segmento más humilde de la población urbana en una campaña para un desodorante que tapizó las estaciones del Sistema de Transporte Colectivo Metro de la Ciudad de México en 2005 con el siguiente eslogan: "Para que el metro no huela a Indios Verdes, ponte Rexona".

Esta broma pesada, característica de la imagen de esa marca que se ha hecho famosa por sus anuncios machistas y misóginos, combinaba, muy a la manera del humor mexicano, el racismo (la alusión a los indios) con el clasismo (la alusión al paradero de transporte público por el que desfilan a diario millones de transeúntes poco privilegiados).

En este caso, sin embargo, su falso humor llegó demasiado lejos, pues provocó la intervención de la Asamblea Legislativa del Distrito Federal (ALDF) y del Consejo Nacional para Prevenir la Discriminación (Conapred), que obligaron a la compañía a retirar los anuncios.[4]

UN KILO DE AYUDA

En materia publicitaria, otro caso inquietante son las campañas para recaudar fondos de la asociación de asistencia privada Un Kilo de Ayuda, que sugieren que la desnutrición asociada

[4] José Luis Flores, "Eliminarán del Metro anuncio discriminatorio", *El Universal*, 26 de agosto de 2004: http://archivo.eluniversal.com.mx/ciudad/61969.html.

a la pobreza terminará por atrofiar a los grupos marginados, volviéndolos biológicamente inferiores a los grupos privilegiados de nuestro país. En un promocional de 2013 se decía, por ejemplo:

> La peor de las pobrezas es aquella que nos limita como seres humanos y evita nuestro desarrollo físico e intelectual, fractura nuestras emociones, nuestra capacidad de sentir y querer, nos hace pequeños, vulnerables y pobres de espíritu. La peor pobreza es la desnutrición infantil [...] Cada graduación, cada niño recuperado significa que un niño podrá crecer, pensar y sentir, será pleno en sus capacidades físicas mentales y emocionales.[5]

En la campaña promocional que encabezó la cantante Paty Cantú en 2012 se hacía evidente también un marcado contraste entre la blancura de esta celebridad y de la mayoría de los empleados de la asociación, y el color de piel moreno de los receptores de la ayuda.

Mi propósito no es criticar la labor concreta de mitigación de la pobreza realizada por este organismo, sino la manera en que sus campañas publicitarias repiten y confirman los prejuicios raciales de nuestra sociedad, así como la forma en que biologizan las diferencias socioeconómicas, convirtiendo a la desnutrición en una condición auténticamente teratogénica, es decir, engendradora de seres que no son plenamente humanos.

Tal vez este alarmismo sea otra estrategia publicitaria para conmover a los posibles donadores, una manera de intentar vencer la indiferencia a la desigualdad que ha producido la asociación entre pobreza y piel morena. Pero el hecho es que refuerza la

[5] "Un Kilo de Ayuda 2013": http://www.youtube.com/watch?v=QWIwdkJ5YxE.

asociación entre marginación social e inferioridad biológica que ha sido propia del pensamiento racista a lo largo de los últimos 200 años.

El tinte amarillista de esta publicidad confirma también una visión añeja del pobre "racializado" como una amenaza: el niño moreno desnutrido, transformado en un ser humano "fracturado", con menos "capacidad" para sentir, "vulnerable" y "pobre de espíritu", carecerá de las dotes emocionales e intelectuales que le permitirán ejercer plenamente su humanidad y su ciudadanía y por ello no podrá participar de manera constructiva en la vida nacional y se constituirá en un obstáculo o un peligro para el funcionamiento de nuestra sociedad.

LOS "NEGROS" NO PUEDEN SER MEXICANOS

Otros ejemplos más dramáticos de discriminación por el color de piel fueron reportados por CNN el 1 de abril de 2011.

En una nota titulada "Afrodescendientes en México, la población invisible", se informaba del caso de una compañía de danza originaria de la Costa Chica de Oaxaca, integrada mayoritariamente por personas de origen africano, que viajaba en un autobús para presentar un espectáculo en el pueblo de Guelatao, Oaxaca. Cuando fueron detenidos para una inspección en un retén militar, los soldados se negaron a creer que fueran mexicanos, debido a su aspecto físico, y les exigieron que acreditaran su nacionalidad con credenciales de elector y luego que convencieran a los funcionarios de que éstas no eran falsas.

La nota relata otros casos (no documentados, pero confirmados por testimonios de personas de descendencia africana) de ciudadanos mexicanos con aspecto "negro" que no pudieron exhibir prueba "satisfactoria" de su nacionalidad y fueron deportados a América Central. Uno de ellos tuvo que permanecer dos meses en Honduras, trabajando para reunir dinero suficiente para volver a México.[6]

En este caso, la invisibilidad de los afromexicanos o afrodescendientes, un grupo que no corresponde al ideal dominante de "blancura" ni a la definición "racializada" de la identidad nacional mestiza, llega al extremo dramático de que se le niegue a éstos el reconocimiento a su nacionalidad y a su ciudadanía.

EL RACISMO CROMÁTICO

Esta lista de ejemplos de racismo social podría prolongarse mucho más. En casi todos los casos confirmaría la identificación de los "güeros" con la belleza, el privilegio y el éxito, y de los "morenos" con lo contrario, así como la invisibilidad de los africanos, los chinos y otros grupos que ni siquiera se consideran parte de nuestra raza mestiza. También nos mostraría una cauda infinita de frivolidad y prejuicios, de deseo y rechazo, de ofensas y envidias, de orgullos y desprecios, de sufrimiento y resentimiento.

Estoy seguro de que muchos mexicanos, acaso la inmensa mayoría, conocemos a la perfección este paisaje social definido por la gradación de los colores de piel, una escala desigual en que las simples diferencias de aspecto físico significan tantas cosas más y nos permiten juzgar y clasificar a las mujeres y hombres con que nos encontramos todos los días.

[6] Hanako Taniguchi, "Afrodescendiente en México, la población invisible", *CNN México*, 1 de abril de 2011: http://mexico.cnn.com/nacional/2011/04/01/afrodescendientes-en-mexico-la-poblacion-invisible.

También todos conocemos, con satisfacción o con amargura, con aspiraciones o con resignación, nuestra posición en la escala progresiva de blancura y prestigio social que jerarquiza nuestra sociedad.

Llamaré a esta forma de discriminar y catalogar a las personas "racismo cromático", pues se basa en la simple distinción de colores de piel y de rasgos físicos para construir toda una jerarquía de belleza y estatus social, para distinguir lo que es deseable de lo que no lo es, para marcar el camino que todos debemos seguir si queremos alcanzar el "target aspiracional" definido por nuestra sociedad y por la inagotable banalidad de los publicistas.

Sin embargo, este principio de clasificación social que parece tan sencillo y tan frívolo oculta una historia mucho más compleja de discriminación racial y segregación, de dominación y explotación que ha durado siglos, y sirve de sustento para mecanismos de discriminación mucho más profundos que enraízan y empeoran la desigualdad que impera en nuestro país. Esta forma frívola de racismo es también el producto directo de la ideología del mestizaje que ha definido nuestra identidad nacional en los últimos 150 años.

Cabe ahora discutir ciertas características de este racismo cromático que ya han sido destacadas en los ejemplos que hemos presentado.

Para empezar, hay que señalar que no crea una clasificación tajante entre blancos y negros (a la manera del racismo en otras latitudes) sino un complejo espectro de tonalidades intermedias. Funciona como una escala en que el movimiento es posible y deseable. Todos los morenos que se blanquean al ascender socialmente no hacen sino confirmar la validez del principio de clasificación social que establece que las posiciones superiores deben pertenecer a los blancos.

Cada uno de nosotros podría relatar con orgullo, o tal vez ocultar con vergüenza, los esfuerzos que realizamos continuamente para mejorar nuestra posición relativa en ese escalafón de pigmentos, así como las ofensas que hemos sufrido de parte de quienes se creen en una posición más "alta", o más "blanca", en la pirámide racista de nuestro mestizaje.

Pero lo que en México se entiende por "blanco" o "güero", por un lado, y por "moreno", "naco" o "indio", por el otro, es muy peculiar. Ni nuestros blancos son tan blancos, ni nuestros morenos tan oscuros, como en otros países de América Latina. Pero precisamente porque nuestra escala cromática no es tan amplia es que los mexicanos nos preocupamos tanto por exagerar nuestras diferencias, por demostrar nuestra blancura, no sólo física sino social, y por separarnos de los que son menos blancos que nosotros, o viceversa.

Esta flexibilidad ha sido aducida como un argumento, a mi juicio falso, por quienes niegan la existencia del racismo en México, o al menos sostienen que se trata de una forma de discriminación menos perniciosa que las que se practican en otros países. Estos defensores de nuestro mestizaje argumentan que a diferencia de Estados Unidos, donde un "negro" nunca dejará de ser un "negro", por más rico que se vuelva, en México la prosperidad y el ascenso social hacen que las personas se "blanqueen" por medio de una compleja alquimia física y social.

Llevando este argumento a su consecuencia lógica se podría afirmar con ironía que en México no hay racismo porque nuestra obsesión nacional ha sido, y continúa siendo, precisamente "mejorar la raza".

La sentencia pronunciada por el amigo del padre de la niña morenita, "Vas a tener que gastar mucho en ropa, compadre", señala un socorrido camino de blanqueamiento social: la inversión lo más cuantiosa posible en ropa fina y en cosméticos que "mejoren" el aspecto personal. El simple hecho de vestir "elegante" y "a la moda" ya tiene un efecto blanqueador y puede convertir al moreno en "güero" o al menos en aspirante a tal. Ésta es la premisa esencial del racismo "aspiracional" de la publicidad.

También es la clave para descifrar la enigmática frase "buena presentación", tan socorrida en nuestros anuncios de ofertas de empleo y que apunta, precisamente, a que quienes soliciten el puesto sean lo más blancos posibles o lo aparenten por estos medios de "mejoría racial".

Por fortuna para los buscadores de trabajo y los que anhelan alcanzar los ideales racistas de belleza pregonados por la publicidad, la industria nacional (y mundial) ofrece una vasta gama de tintes de pelo y cremas blanqueadoras para lograr aspectos más "aspiracionales". Para los que requieran soluciones más radicales, no faltan las clínicas privadas que ofrecen cirugías plásticas para respingar narices y esculpir rasgos tercamente inadecuados.

Desde luego, todos estos esfuerzos no eliminan el riesgo de que un alma poco caritativa, que pretende ocupar un punto más blanco, y por ello más elevado, de la escala racial y social mexicana, descalifique los esfuerzos de la transformista o del "aspiracional" con una lapidaria alusión a las monas vestidas de seda, o dirigiéndole el brutal calificativo de "naco".

"Naco", como su antónimo "güero", combina con singular malicia el prejuicio de clase con la caracterización racial, pues asocia los comportamientos y las formas de vestir considerados inadecuados, o poco sofisticados, con el origen indígena y con el color de piel moreno, así como con la fealdad. Por ello, aunque algunas de las personas que aún se atreven a usar este término peyorativo suelen afirmar que no es racista, sino que critica formas de comportamiento, su significado en el contexto nacional es indudablemente discriminatorio.

Para demostrar el profundo racismo de este término, basta con escribir la palabra "naco" en el buscador de Google y observar las imágenes que aparecen en la página inicial de resultados: todas están concebidas con un evidente afán de burla y desprecio dirigido de manera inequívoca a sujetos con la piel más oscura y de clase social más baja.

Otra estrategia para "mejorar la raza" es conseguirse un novio o novia más blanquito, y así garantizar la mayor blancura de las generaciones venideras. Este blanqueamiento genealógico es una de las prácticas más antiguas de ascenso y consolidación social de nuestras familias de élite y de las que aspiran a formar parte de ella.

Desde tiempos de la Colonia, los "criollos" mexicanos ricos, a veces ya "manchados" con algunas gotas de sangre indígena y negra, buscaban españolas y españoles recién bajados del barco para "limpiar" su estirpe. Era asunto de burla en la época que en este juego racial no importaba realmente la condición social de los y las peninsulares recién llegados, sino simplemente el hecho de que fueran blancos, con "sangre limpia". Sólo por medio de estas estrategias raciales, las familias criollas mexicanas han logrado mantener y reafirmar su blancura a lo largo de los siglos.

Cuando millones de mexicanos recurren a una u otra de estas estrategias de "mejoría racial", no desmienten la existencia de nuestro racismo, sino que vuelven aún más inamovible nuestro paisaje social racista, en que los más blancos ocupan la posición superior, y lo hacen parecer más natural, más incuestionable.

LA INSEGURIDAD DE LOS MESTIZOS

Mónica Moreno Figueroa, una socióloga mexicana que ha realizado muy valiosos estudios sobre racismo entre los mestizos en nuestro país, propone que una de las paradojas de nuestro racismo cromático es la posición de inseguridad en que coloca a todos los que participamos en él y lo practicamos.

En entrevistas que realizó con mujeres mexicanas de diferentes orígenes sociales, muchas relataron experiencias en que fueron discriminadas, menospreciadas o criticadas por su color de piel. Una de ellas contaba:

> Tengo un recuerdo muy fuerte de una historia que me contaron mis padres [...] No tengo fotografías mías de cuando nací porque nací negra. Eso es lo que me cuentan mis papás: "naciste tan negra, tan prieta, que no te tomamos fotos. Preferimos esperar, porque también naciste un poco feíta, y negra, por eso esperamos a que crecieras un poquito hasta que mejoraste y cambiaste". Y la otra cosa que quiero decir, porque la hice, es que una vez, creo que fue en un aeropuerto, vi a un tipo negro que sudaba mucho. ¿Y sabes qué pensé de inmediato? Algo así como, "va a ensuciar su camisa". Te juro que parecía que la iba a manchar. Entonces de repente me sorprendí a mí misma, pero fue sólo un pensamiento, ni lo dije siquiera. Ya sé que es algo horrible, pero eso pensé.[7]

Este ejemplo brutal y conmovedor nos demuestra cómo el racismo social mexicano es inestable, colocándonos a todos en una escala resbalosa entre víctimas y victimarios, discriminantes y discriminados. Así como nos podemos creer más "güeros" y menos "nacos" que otros y, por lo tanto, despreciarlos o discriminarlos, también puede haber siempre alguien más blanco y más privilegiado que nos coloque en una situación de inferioridad.

[7] Mónica G. Moreno Figueroa, "Distributed Intensities: Whiteness, Mestizaje and the Logics of Mexican Racism", *Ethnicities*, vol. 10, núm. 3, 2010, pp.387-401, 396. Traducción del autor.

Como explica Moreno Figueroa:

> El privilegio pertenece a aquellos que ocupan el lugar de la "blancura", pero puede ser perdido con facilidad porque esta posición es siempre precaria. Mientras que el mestizaje se trata siempre de la posibilidad de pasar [por blanco], de participar en procesos de blanqueamiento y de colocarse uno mismo —siempre y cuando sea posible— en "este lado" [de la blancura], esta misma posibilidad es la que da a la experiencia de la blancura en México su calidad ambigua [...] Aunque hay mexicanos que encarnan físicamente las ideas europeas de lo que es un cuerpo "blanco", en general sólo ocupan el espacio [de la blancura] de una manera fugaz y relacional. El color de piel, las características del cuerpo y el privilegio se vinculan entre sí, pero no de una manera fija y predeterminada. [Esta] relacionalidad funciona como un ejercicio cotidiano de comparación y de auto-evaluación. [Esta] relacionalidad hace que la obtención de la "blancura" sea contextual: dependiendo de dónde, cuándo y con quién esté uno, podrá o no ocupar un cierto espacio de blancura como forma de privilegio.[8]

Por otro lado, la autora sugiere que los momentos en que el racismo nos resulta dolorosamente visible, cuando somos víctimas del desprecio, o cuando nos descubrimos, a veces vergonzosamente, como practicantes del mismo, son siempre efímeros y luego desaparecen de nuestra conciencia, nunca son percibidos como parte de una realidad más amplia y permanente, del racismo estructural que prevalece oculto en nuestra sociedad.

Esto se debe a que siempre que sufrimos o practicamos estas formas de discriminación cromática, nos recordamos de inmedia-

[8] *Ibid.*, p. 398.

to lo que nos enseñaron en la escuela: "En México no hay racismo porque todos somos mestizos".

Esta afirmación, aunque sea falsa, nos impide examinar de manera crítica las razones y los daños que nos hace el racismo. Así nos deja completamente vulnerables al siguiente brote en que nos tocará otra vez ser los despreciados, o tal vez nos predispone a ejercer nuestro desprecio contra alguien menos blanco que nosotros.

EL RACISMO "INVERSO"

Dentro de la misma lógica, en nuestro país existe también otra forma de racismo, que podemos llamar "inverso", en el que los más morenos desprecian, o se burlan, o llegan incluso a agredir a los más blancos. Esta forma de discriminación es más prevalente de lo que se suele admitir, pues es ocultada muchas veces por sus víctimas, quienes se sienten avergonzadas de ser objeto de estas agresiones, ya que éstas cuestionan su "auténtica" mexicanidad.

Un amigo pelirrojo me ha contado de múltiples ocasiones en que el color de su cabello, poco usual en estas latitudes, ha llevado a que las personas pongan en duda su nacionalidad ("Tú no puedes ser mexicano", le dicen, como se lo dicen también a un afrodescendiente) e incluso a que lo ataquen verbalmente ("¡Pinche güero!"). El caso más extremo fue una vez que intentó defender a una mujer mayor de las arbitrariedades de un chofer de microbús y fue agredido por él y otros pasajeros.

La frecuencia con que utilizamos el término despectivo "gachupín" para referirnos a los españoles inmigrados a México, y la vitalidad de todo un folclor de bromas y dichos despectivos contra los que parecen originarios de España, es otra señal de estos prejuicios raciales.

Entre las comunidades de hombres homosexuales se ha difundido recientemente la distinción entre los llamados "gays", hombres de clase media que se ciñen a los ideales de belleza de los homosexuales "blancos" y que esculpen su musculatura con horas en el gimnasio, y los "chacales", orgullosos de su piel morena y sus cuerpos moldeados por su trabajo físico como obreros y albañiles, que presumen sus abdómenes abultados y sus pechos peludos. Estos últimos se burlan de los primeros por considerarlos menos masculinos y auténticos y reivindican la hombría y la autenticidad de su aspecto, vinculando su piel oscura con su extracción social proletaria.[9]

A mi juicio, un producto de este racismo "inverso" es el temor que existe entre ciertas personas que se consideran miembros de las "élites" nacionales de reconocer o discutir la existencia del racismo en nuestro país. Según ellas, hablar abiertamente del tema podría tener la consecuencia negativa de desencadenar un odio latente que las masas menos privilegiadas (y más morenas) deben sentir por los grupos más favorecidos (y más blancos) o por los inmigrantes o todos aquellos que sean diferentes a ellas. Este miedo al odio racial que supuestamente vive oculto y taimado en el pecho de la mayoría, y que sólo puede ser acallado con la más tajante negativa a siquiera tocar el asunto de las diferencias que existen entre los mexicanos y del racismo que los afecta, es otra de las manifestaciones perversas de la leyenda del mestizaje, como veremos en el capítulo 8.

El racismo "inverso" no tiene de ninguna manera la fuerza del racismo dominante, pues no es fomentado sin cesar por los medios de comunicación, ni se vincula a las estructuras de poder

[9] Éste es el tema de investigación de César Othón Fernández, a quien agradezco haberme proporcionado esta información.

social y a las formas del privilegio económico. Sin embargo, confirma que en nuestra sociedad el color de piel y el aspecto físico son usados por casi todos nosotros para clasificar a las personas en grupos diferentes. También demuestra que nuestra convivencia cotidiana se define más por las diferencias, la desconfianza y el desprecio, que por la identificación y la solidaridad.

UN PAÍS DE PREJUICIOS

Como ya dijimos y como veremos en el próximo capítulo, en México el racismo rara vez aparece en una forma químicamente pura, sino que se suma a otras formas de discriminación y desprecio: por clase, por género, por cultura o por lengua. También se añade a una vasta constelación de prejuicios que se incuban en nuestra vida colectiva contra todos los que son diferentes o lo parecen, por su religión o su preferencia sexual, por su género o por su edad, por su forma de vestir y de comportarse. Esta plétora de desaires y exclusiones, alimentada por la desigualdad y la ignorancia, por el moralismo y la intolerancia religiosa, define el mundo social mexicano, privando a vastos sectores de nuestra sociedad del respeto y de las oportunidades que les corresponden como ciudadanos, de sus derechos y, cada vez más, de su vida misma.

Los feminicidios y las agresiones a homosexuales y transexuales son una manifestación extrema de estas prácticas sociales, sin duda. Pero reflejan, también, los prejuicios mucho más generalizados en amplios sectores contra las mujeres y contra la diversidad sexual. Este ejemplo nos demuestra que la prevalencia de todas estas formas de menosprecio y de las prácticas de discriminación que los acompañan son un campo fértil para que se acentúe la desigualdad y para que crezca la segregación y el desaire, la violencia y el odio. Es por ello que el famoso insulto mexicano de "puto", utilizado ya sea en el estadio o en la calle, debe ser considerado tan ofensivo y discriminatorio como el de "naco" o "indio", al igual que la expresión "pareces nena".

Por esta razón, el combate al racismo debe proceder a la par que el cuestionamiento de esta constelación de desprecios y prejuicios que lo acompañan y lo solapan. Para ello, debemos reconocer hasta qué punto estas formas de discriminación marcan nuestra vida cotidiana, nuestras interacciones más comunes con quienes no son iguales a nosotros, nuestras maneras de despreciar y de ignorar a los que nos rodean, nuestros insultos y nuestras bromas.

4

¿Es racista nuestro racismo?

Como he mencionado, muchas personas niegan la existencia de un verdadero racismo en México o esgrimen diferentes razones para menospreciar la gravedad de esta forma de discriminación en nuestro país.

A continuación presentaré, de la manera más sucinta y directa posible, los principales argumentos que he escuchado y leído en este sentido a lo largo de los últimos años. Inmediatamente después de cada uno haré una refutación que buscará convencer a los más escépticos de la existencia y la virulencia del racismo mexicano.

Sabemos que la más manida y difundida de todas estas objeciones afirma que en México no puede haber racismo porque todos somos mestizos, es decir, de la misma raza. Este argumento será refutado en los capítulos finales.

Respondamos ahora a las otras justificaciones.

JUSTIFICACIÓN: EL RACISMO ES UN ASUNTO PRIVADO

Uno de los argumentos de los escépticos es que, en todo caso, la discriminación basada en el color de la piel en México no es oficial ni pública, es decir, no la establece, sustenta ni defiende ninguna ley, y no se ejerce en el espacio de la política y de la vida pública. Como vimos en algunos ejemplos de los capítulos 2 y 3, el racismo en México asume un perfil esencialmente "privado", es decir, es ejercido por particulares, ya sean individuos, familias o empresas. Por lo tanto, según dicho argumento, esta forma de discriminación tendría consecuencias menos graves que el *apartheid* de Sudáfrica, que privaba a la mayoría negra de sus derechos políticos y humanos, o que el régimen de segregación que imperó en el sur de Estados Unidos hasta la década de 1960.

También se argumenta para minimizar este racismo "no oficial" que la preferencia por personas de piel más "blanca" y de rasgos más "europeos" es una decisión libre y privada de cada individuo y, por lo tanto, es inatacable. Resultaría inaceptable, y probablemente imposible, tratar de forzar a los hombres y las mujeres de nuestro país a que les comenzara a gustar la gente más "morena" y de aspecto más "indígena". La belleza, como lo que resulta deseable, no puede ni debe ser determinada por decreto. Por ello, no se puede culpar a la gente, y menos acusarla de racista, por tener ciertas ideas sobre la belleza física y por preferir ciertos tipos físicos sobre otros.

A lo sumo, éste sería un problema "cultural" de nuestro país, como lo es la corrupción según el punto de vista del presidente Enrique Peña Nieto, y como tal sólo podría solucionarse a lo largo de muchos años.

Respuesta: El racismo privado también es público

La diferencia entre la naturaleza privada y social de la discriminación mexicana y los racismos públicos practicados en Sudáfrica y Estados Unidos no puede negarse. Sin embargo, debe matizarse con dos argumentos de fondo.

El primero es que en esos países también existen formas de discriminación privadas y sociales parecidas a las de México, pero que ahí sí son reconocidas como racismo. En Estados Unidos, sin ir más lejos, cualquier campaña publicitaria que no incluyera modelos de diferentes tipos físicos (negros, latinos y asiáticos por lo menos, además de blancos) sería considerada discriminatoria y rechazada como tal. Lo mismo valdría para un centro nocturno que negara el acceso a un grupo de personas debido a su color de piel. Por ello, no es ilegítimo plantear que en México podría y debería hacerse algo parecido. Si el racismo social o privado ha sido considerado inaceptable en países donde la discriminación política y pública también fue eliminada, ¿no convendría que México, que no ha practicado ese último tipo de racismo, también eliminara el primero?

Por otro lado, estoy completamente de acuerdo en que no pueden combatirse los prejuicios racistas privados obligando a las personas a tener una preferencia diferente, forzándolos a que consideren bellos los tipos físicos que no les gustan. Éste es un asunto que no debe ni puede legislarse. En cambio, sí pueden modificarse los mecanismos de reproducción de dichos prejuicios y así influir, de manera positiva, en las actitudes particulares. No dudo que si los medios de comunicación y la publicidad mostraran una mayor variedad de tipos físicos, seguramente el gusto de la mayoría de la población también se haría más variado.

Respecto al argumento de que nuestro racismo es sólo particular y por ello no es realmente trascendente, hay que recordar el hecho innegable que los ámbitos privados y públicos se relacionan de manera estrecha e influyen el uno en el otro. La constante reiteración de la idea de que los "blancos" son más bonitos, más exitosos, más "aspiracionales" que los "morenos" también puede influir en las decisiones de quién contratar para un empleo, a quién ascender a un puesto ejecutivo, por qué candidata votar en una elección.

En otros países, como Estados Unidos, se ha demostrado ampliamente la existencia de vínculos directos entre las preferencias personales y las decisiones públicas. Por ello, se han puesto en función leyes y reglamentos antidiscriminatorios para impedir que los prejuicios privados se transformen en discriminaciones oficiales.

Dos estudios recientes realizados en México ofrecen evidencia de que el paso de la discriminación privada a la pública sucede también en la práctica social mexicana. El primero, de 2007, estuvo a cargo de Rosario Aguilar, politóloga del Centro de Investigación y Docencia Económicas (CIDE), y consistió en la creación de figuras ficticias de candidatos a cargos de elección popular con fenotipos reconociblemente europeos, mestizos e indígenas, para preguntar a un grupo de personas elegidas al azar en lugares públicos de la Ciudad de México cuál les parecía más confiable y competente y por cuál se sentirían inclinados a votar.

De manera sistemática, los encuestados prefirieron a los aspirantes de aspecto más europeo sobre los otros dos, aun cuando las fotografías de todos se asociaba al mismo currículum y las mismas posturas políticas. Igualmente, los encuestados atribuyeron a los candidatos blancos una posición política más conservadora y a los indígenas una más izquierdista. Según la investigadora esto sería consecuencia de que los "electores" del experimento suponían que los blancos pertenecían a una clase social más alta. En suma, concluye Aguilar, el aspecto físico de los supuestos candidatos sí afectaría el comportamiento electoral de los entrevistados, quienes favorecerían de manera clara a los más blancos.[1]

[1] Rosario Aguilar, "Social and Political Consequences of Stereotypes

El otro estudio, realizado en 2013 por Eva Arceo Gómez y Raymundo Campos Vázquez (economistas del CIDE y de El Colegio de México, respectivamente), consistió en enviar a diversas empresas solicitudes de trabajo con información asociada al azar con fotos de supuestos solicitantes blancos, mestizos e indígenas de ambos sexos. Luego se analizó el número de solicitudes que recibieron respuesta y cuántas fueron aceptadas por los empleadores.

El resultado es que en el caso de los hombres las diferencias en el aspecto físico no marcaron una ventaja para los de aspecto blanco sobre los de apariencia indígena, aunque en el caso de las mujeres sí hubo una preferencia para las de piel más blanca.

Los autores concluyeron que las solicitantes de empleo de sexo femenino parecen sufrir una doble discriminación, pues son sometidas a una evaluación de "belleza física" que no es impuesta a los varones y además son menos aceptadas si son de tez más morena.[2]

Como señalan los autores de ambas investigaciones, aún falta mucho por analizar en este terreno. Sin embargo, los dos ejemplos muestran de manera muy clara, a mi juicio, cómo nuestro racismo cromático no es tan intrascendente ni tan privado como parece a primera vista, pues tiene consecuencias reales en el acceso al poder político y las oportunidades laborales y económicas.

Related to Racial Phenotypes in Mexico", Centro de Investigación y Docencia Económica, México, 2011. (Documentos de Trabajo núm. 230.)

[2] Eva Arceo Gómez y Raymundo M. Campos Vázquez, "Race and Marriage in the Labor Market: A Discrimination Correspondence Study in a Developing Country", El Colegio de México-Centro de Estudios Económicos, México, 2013. (Documentos de Trabajo núm. 3.)

JUSTIFICACIÓN: EL RACISMO EN MÉXICO NO ES TAN IMPORTANTE

El segundo argumento de los escépticos es que el color de la piel y los rasgos físicos no son la causa verdadera de las discriminaciones que se practican en México. La discriminación nace, en todo caso, de la desigualdad social y económica y de las diferencias de valores e ideas, de creencias y de cultura entre distintos grupos sociales, no del aspecto de las personas.

A los mexicanos más morenos no se les margina realmente por su pigmentación, sino por su pobreza o porque tienen una cultura diferente. Cuando mucho, podría argumentarse que el tono de su epidermis se utiliza como un indicador de su condición social, de modo que si se excluye a los más oscuros, es porque suelen ser más pobres y en cambio no se excluye a los pobres por el hecho de ser más oscuros.

Respuesta: El racismo sí es grave porque acentúa la desigualdad

Para refutar este argumento basta examinar los estudios sociológicos que se han hecho sobre el impacto general del racismo en nuestro país.

El estudio más amplio, realizado por Andrés Villarreal en 2010, confirma que en nuestro país existe una fuerte relación entre el color de la piel y la condición social.

El autor utilizó los abundantes datos socioeconómicos recabados por una serie de encuestas realizadas por el entonces Instituto Federal Electoral entre 2400 posibles electores de todo el país, a lo largo de 2005 y 2006. De esta manera pudo comparar el nivel educativo, la ocupación y la riqueza o pobreza de las personas encuestadas, que fueron clasificadas por el propio sondeo en función de su color de piel en tres categorías: "blancas", "morenas claras" y "morenas oscuras".

En primer lugar, el sociólogo confirmó que las clasificaciones por color de piel de estas personas fueron consistentes a lo largo de las diferentes entrevistas. Esto quiere decir que los diferentes encuestadores que hablaron con los ciudadanos en distintas ocasiones durante los dos años que duró el estudio estuvieron en general de acuerdo en cómo clasificarlas por su color de piel. A juicio de Villarreal, esto significa que los entrevistadores y los entrevistados están acostumbrados a dividir y juzgar de manera sistemática a las personas de acuerdo con este criterio. Llama la atención que la clasificación más exacta parece ser la de personas de piel blanca, que se distinguen más claramente del resto de la población, mientras que las diferencias entre morenos claros y morenos oscuros son menos consistentes. El resultado a nivel nacional establecía que el 19% de los entrevistados eran blancos; el 50%, morenos claros y el 31%, morenos oscuros.

En segundo lugar, Villarreal realizó análisis de correlación estadística entre el color de piel y la condición social; descubrió que las personas de piel morena clara tenían 29.5% menos de posibilidades de tener educación superior que las personas de piel blanca. Aún más profunda es la diferencia respecto a las personas de piel morena oscura, quienes tienen 57.6% menos posibilidades de estudiar una licenciatura que los de piel blanca.

En cuanto a la ocupación, encontró que el 91% de los trabajadores "manuales" eran morenos (oscuros y claros) y sólo 9% eran blancos. En contraste, el 28% de los profesionistas son blancos y sólo el 21% son morenos oscuros (frente a su proporción general de 18% y 31% en la población nacional).

Peor aún, de las personas que ocupan la categoría de empleo más elevada del estudio (ser dueño de una empresa que da trabajo a más de 10 empleados), el 45% son blancos y el resto, morenos claros. En contraste, no hay ni una sola persona registrada como morena oscura en esta posición privilegiada.

El estudio también ofrece luces interesantes sobre las causas de esta marcada desigualdad. El autor encuentra que en su conjunto las personas "morenas" (es decir, morenas claras y oscuras) no tienen una mayor probabilidad de ser pobres que las "blancas", si tomamos en cuenta también su nivel educativo, su profesión y su categoría de empleo. Es decir, un "moreno" con educación y un buen empleo no será más pobre que un "blanco" en la misma situación, y viceversa. Sin embargo, como ya vimos, una persona de piel más oscura tiene 57.6% menos posibilidades de llegar a la universidad que una de piel blanca. Esto quiere decir que la diferencia de fondo entre los grupos definidos por su color diferente reside en el acceso a la educación de calidad y a otros servicios públicos, es decir, es responsabilidad directa del Estado y de sus políticas. No se podría concebir una demostración más clara del carácter público de nuestro racismo.

Otro hallazgo interesante de Villarreal es que la diferencia entre colores de piel es más pronunciada entre los ricos que entre los pobres. Las personas de piel morena oscura tienen 50% menos posibilidades de ser ricas que las personas de piel blanca. Según el autor, para las personas con piel más oscura resulta más fácil escapar de la pobreza (por medio de la educación y del desempeño profesional) que ser admitidos en los círculos más opulentos de nuestra sociedad, es decir, convertirse en administradores, profesionistas exitosos o empresarios de alto nivel, entre los cuales casi no hay ningún "moreno oscuro". Esto podría indicar que no son aceptados en las élites sociales debido a su color de piel.

Las conclusiones de Villarreal son muy claras:

> Pese a las ambigüedades [en la clasificación de las personas por su color de piel] encontré evidencia de una profunda estratificación social por el color de la piel en el México contemporáneo. Los individuos con un color más oscuro tienen niveles educativos y una categoría profesional significativamente más bajos, y tienen más altas posibilidades de vivir en la pobreza, así como menores posibilidades de ser ricos, aun si tomamos en cuenta otras características individuales. Las diferencias en la condición socioeconómica entre los mexicanos con diferente color de piel son realmente grandes [...] comparables a las diferencias entre los africanoamericanos y los blancos en Estados Unidos.[3]

Estas afirmaciones son confirmadas por el reporte "Desigualdad extrema en México. Concentración del poder económico y político", en que el economista Gerardo Esquivel realiza un diagnóstico muy severo de la manera en que la desigualdad económica y social se ha acentuado en México en este siglo.[4]

Una de sus conclusiones más significativas se refiere a la población hablante de lenguas indígenas. Según su análisis, estos conciudadanos son víctimas de una exclusión y marginación económica y social de múltiples dimensiones que hace casi imposible que se beneficien por el crecimiento económico (de por sí raquítico) e incluso por las políticas de combate a la pobreza. Por eso, el 38% de los hablantes de lenguas indígenas viven en la pobreza extrema, contra el 10% de la población general.

[3] Andrés Villarreal, "Stratification by Skin Color in Contemporary Mexico", *American Sociological Review*, vol. 75, núm. 5, 2010, pp. 652-678.

[4] Gerardo Esquivel Hernández, *Desigualdad extrema en México. Concentración del poder económico y político*, Oxfam México, México, 2015.

Otro indicio clarísimo de las consecuencias económicas de la discriminación que sufre este grupo de mexicanos es que el salario promedio que recibe un trabajador agrícola indígena (es decir, un jornalero) es de $886 al mes, mientras que el que se le paga a uno no indígena es de $1 961 (según cifras oficiales de 2014).

En otras palabras, los indígenas suelen ganar menos de la mitad que los "mestizos" por realizar el mismo trabajo. Para colmo, esta ocupación es una de las fuentes principales de empleo para los miembros de este sector y es frecuente que en las fincas de Sinaloa, Sonora y Baja California se haga trabajar a niños menores de 14 años.

Estos dos estudios confirman la relación entre la desigualdad y la discriminación racial. Esto es doblemente preocupante porque, según datos del Banco Mundial, en 2012 el coeficiente de Gini (una medida estadística para medir la desigualdad en los países) de México era de 0.48 sobre uno, lo que lo colocaba entre los 10 países más desiguales del mundo. Según la misma institución, el 20% más rico de los mexicanos recibían en ese año el 54% de los ingresos del país, mientras que el 20% más pobre recibía sólo el 5%. En otras palabras, los 20 millones de mexicanos más pobres ganaban en promedio la décima parte que los 20 millones de mexicanos más ricos. El contraste es aún más agudo si comparamos al 10% más opulento, 10 millones de personas que controlan el 39% de los ingresos, con los 10 millones más miserables, que apenas reciben el 2%, es decir, ganan 20 veces menos.[5]

Un ejemplo clarísimo de la manera en que los mexicanos nos hemos habituado a asociar la pobreza con la piel morena es el caso de la niña Alondra.

En octubre de 2012, un usuario de Facebook de Guadalajara "posteó" una foto tomada a una niña pordiosera en las calles de

[5] "World Development Indicators: Distribution of income or consumption", The World Bank: http://wdi.worldbank.org/table/2.9.

esa ciudad. En el texto, externaba su sorpresa de que esa pequeña fuera rubia y de que sus "papás" (así, entre comillas) fueran morenos, por lo que sugería que podía haber sido secuestrada, "trasquilada" y "quién sabe qué otras cosas". Por ello, pedía difundir la imagen para ver si se encontraba a los "familiares" de la niña. En pocos días la imagen fue "reposteada" más de 60 000 veces en las redes sociales, creando una auténtica tormenta de preocupación por la niña "güerita".

Otra usuaria aventuró la siguiente hipótesis respecto a su situación: "Si lo pueden ver con lupa la niña se ve que tiene poco de haber sido raptada ya que su vestimenta y su apariencia es de una niña nutrida y de casa". Como señala la nota periodística que reprodujo este comentario, el juicio sobre el color de piel de la niña se asociaba así con la prominencia social e inclusive la calidad del hogar al que podía pertenecer la niña.[6]

Ante esta ola de histeria racista, la Procuraduría estatal detuvo a Alondra, su hermano y su madre, suspendiendo "temporalmente" su custodia sobre sus hijos, pese a que ella exhibió las actas de nacimiento que acreditaban legalmente su maternidad. Luego la obligó a realizar pruebas de ADN. Aunque el parentesco se demostró también por ese medio, la niña y sus hermanos permanecieron bajo custodia de las autoridades por nueve meses más.[7]

El desenlace de este caso desató un nuevo alud en las redes sociales en que muchos acusaron al denunciante original de haber

[6] Héctor Escamilla, "Polémica por niña rubia que pide limosna en Guadalajara se aviva", *Publimetro*, 20 de octubre de 2012: http://www.publimetro.com.mx/noticias/polemica-por-nina-rubia-que-pide-limosna-en-guadalajara-se-aviva/mlju%21yzZhbb2RYpMC.

[7] Violeta Meléndez, "Alondra regresa a su casa", *El Informador*, 17 de julio de 2013: http://www.informador.com.mx/jalisco/2013/472428/6/alondra-regresa-a-su-casa.htm.

actuado por prejuicios racistas y señalaron que nadie parece preocuparse por el destino de los miles de niños morenos que se encuentran en la misma situación de marginalidad. Él, por su parte, negó haber sido motivado por ningún tipo de prejuicio racial, sino sólo por preocupación por la condición de la niña.[8]

La manera en que la pequeña Alondra y su madre fueron brutalmente atropelladas por los prejuicios sociales, y por la arbitrariedad policiaca, es otra demostración de que nuestro racismo "cromático" no tiene nada de inocente.

Al asociar la pobreza y la desigualdad con la piel morena, se vuelve inevitable también que las comencemos a considerar como naturales e inevitables. Si la mayoría de los morenos son pobres y la mayor parte de los pobres son morenos, no es difícil pensar que esta condición es inherente a su aspecto físico, a su forma de ser y de vivir. De esta manera, la marginación deja de ser un problema de la sociedad, de todos nosotros, y se convierte en un problema propio de ellos, los que son diferentes a nosotros.

En México el racismo también construye incontables justificaciones para la marginación de los morenos: son ignorantes, son flojos, son "nacos", tienen menos capacidades que los blancos ricos.

JUSTIFICACIÓN: EL RACISMO ESTÁ EN LOS OJOS DEL OBSERVADOR

Tras refutar la existencia del racismo con los dos argumentos anteriores, es frecuente que los escépticos reviren con una acusación

[8] Víctor Olivares, "Tapatío acusado de racista por foto de niña rubia", *Unión Jalisco*, 25 de octubre de 2012: http://www.unionjalisco.mx/nota/tapatio-senalado-de-racista-por-post-de-la-nina-rubia.

poderosa: los verdaderos racistas son quienes insisten en ver esta práctica donde no existe realmente.

Según esta postura, hablar de racismo constituye un chantaje o un gran peligro.

En el primer sentido puede servir para que los grupos y personas que pretenden haber sido discriminadas consigan posiciones o lugares que no conseguirían de otra manera. Por decirlo burdamente, tal vez las modelos que no son tan bellas pueden utilizar el argumento de que se les discrimina por su piel morena para desplazar a las realmente guapas. O los profesores menos calificados de los estados del sur del país pueden aducir que son víctimas del racismo para evitar ser evaluados como sus pares más privilegiados en otros estados.

Por otro lado, argumentan los escépticos, hablar de racismo puede destapar una caja de Pandora y generar más discriminación y encono en nuestra sociedad, de por sí dividida por las desigualdades socioeconómicas y afectada por la violencia. La solución a nuestros problemas no es acentuar nuestras diferencias, sino buscar lo que nos une como mexicanos.

Otros argumentan que hablar de este asunto, que no es en verdad tan importante, puede servir como coartada para no abordar las verdaderas causas de nuestras desigualdades y nuestras discriminaciones, que son económicas y políticas, no cromáticas o pigmentocráticas.

Respuesta: El racismo no es una invención

La recriminación de que los verdaderos racistas son quienes denuncian tal forma de discriminación es muy frecuente en todo el mundo, incluso en sociedades donde sí se ha reconocido históricamente la existencia del racismo, como Estados Unidos y Sudáfrica; parte de la premisa de que en la actualidad no existe ya la discriminación por el color de la piel, pues vivimos en una era "postracial". En nuestro país este argumento pareciera tener aún más fuerza, por la pretensión de que nunca ha existido realmente un racismo abierto.

En Estados Unidos, los críticos de los críticos del racismo señalan que ya existe suficiente igualdad, legal y social, para que las personas de raza negra, o los latinos, puedan prosperar y abrirse paso, por lo que el color de su piel se ha vuelto irrelevante. Por usar una metáfora muy socorrida por quienes sostienen este argumento, el "campo de juego" ya es esencialmente horizontal y las personas de cualquier color pueden patear el balón y meter gol (o pegar un jonrón, o anotar un *touchdown*). Por ello, aducir que las desigualdades que existen en la actualidad entre los grupos sociales son resultado del racismo es una falsedad, o un pretexto para buscar imputar a los supuestos discriminadores por faltas y deficiencias que en realidad son culpa de los supuestos discriminados. Por eso también se puede convertir en un chantaje.

Sin embargo, me parece que nadie en México podría argumentar con seriedad que el "campo de juego" es siquiera remotamente horizontal y que todos los mexicanos podamos tirar a gol, cuando el balón es propiedad de un monopolio, la portería ha sido puesta a la venta por políticos venales, el árbitro es el primero en violar las reglas del juego y además bajo el pasto se oculta una cantidad no determinada de fosas clandestinas.

En todo caso, la discusión debe centrarse en cuáles son los principales desniveles que impiden o dificultan patear el balón a la mayoría de nuestros compatriotas. Ahí cabría reflexionar sobre la relativa importancia del racismo dentro de las otras formas de injusticia económica, social y política. No pretendo que la discriminación por el color de la piel sea la colina más empinada, pero sí creo que los estudios que discutimos más arriba demuestran que hace que las cuestas sean más difíciles de remontar para quienes tienen la piel más oscura y agrava así la desigualdad.

En el contexto mexicano resulta aún más insostenible la acusación de que hablar de racismo puede servir de pretexto para disimular la responsabilidad, o las fallas, de los supuestos discriminados. El racismo cromático mexicano y la leyenda del mestizaje, como veremos en el capítulo 8, ya hace bastante para achacar a los pobres su propia marginación, asimilada a su cultura atrasada y a una lista casi infinita de defectos y faltas: de nutrición, de educación, de ambición, de empeño, de conocimientos, etcétera.

De hecho, me parece que el peligro mayor en nuestro país reside en la manera en que el racismo velado naturaliza las desigualdades sociales, y no en un supuesto uso de la acusación del racismo para eximir a amplios sectores de nuestra población de responsabilidad por su propio destino.

Más atendible me parece el argumento de que hablar del racismo que existe en México sólo serviría para crear mayor encono en una sociedad, ya de por sí dividida por tantas razones sociales, económicas y políticas. Esta posibilidad no puede ser descontada con ligereza, pues históricamente el discurso racista ha servido para generar conflicto y violencia, como en el caso del odio a los chinos en Estados Unidos y en México entre los siglos XIX y el XX, el antisemitismo en Europa desde el siglo XIX y en el de la islamofobia en el siglo XXI.

Tras el resquemor que provoca entre ciertos sectores de nuestras élites políticas destapar el tema del racismo se oculta, como ya mencioné y como veremos con detalle en el capítulo 8, un miedo implícito, y pocas veces confesado, al odio y resentimiento racial de la mayoría "indígena" o "morena" de la sociedad mexicana y a su temida "venganza" contra la minoría "blanca". Sin embargo, la experiencia de quienes han combatido los odios raciales nos muestra que lo mejor es confrontarlos abiertamente, de manera pública y explícita. Pretender ignorarlos y esperar que esta indiferencia hará que desaparezcan por sí solos nunca ha dado buenos resultados.

Espero que la discusión anterior haya refutado de manera convincente los argumentos de quienes niegan que en México existe el racismo. Al mismo tiempo, sin embargo, ha hecho evidente que la discriminación racial casi nunca se manifiesta de manera "pura", sino que suele sumarse a otras formas de distinguir, separar, despreciar, marginar y perseguir a las personas y los grupos diferentes; que no es la causa principal de la desigualdad social y económica, aunque sí la agrava.

Por ello, afirmar que la desigualdad en nuestro país es fundamentalmente económica y social no significa negar que tenga también una dimensión racial. Tan es así que estamos acostumbrados completamente a "leer" en el aspecto físico de las personas, en su tono de piel, las diferencias sociales y económicas. En otras palabras, el racismo constituye la superficie visible, la piel colorida de la injusticia y la discriminación en México.

Tampoco en este sentido nuestro racismo resulta excepcional. La discriminación racial en todo el mundo funciona de la misma manera. En Estados Unidos, Sudáfrica, Europa y China, los prejuicios y la segregación por el color de piel se suman a otras formas de dominación, se agregan a las prácticas de la desigualdad, se adhieren a la ignorancia y a los miedos hacia los que son diferentes.

Pero el hecho de que el racismo centre su atención en la piel y el aspecto de los cuerpos no significa que sea meramente superficial y, por lo tanto, poco trascendente.

Nuestra obsesión por identificar la blancura con todo aquello que consideramos "aspiracional", y la piel morena con todo lo contrario, tiene raíces demasiado hondas en nuestra historia de discriminaciones e injusticias, y también produce diversos frutos ponzoñosos que proyectan sombras siniestras sobre nuestra sociedad.

Al inscribir en el cuerpo "moreno" del pobre, del discriminado, del despreciado, la misma pobreza, discriminación y desprecio de que es objeto, al grabar la esclavitud en el cuerpo de los negros, al pintar el privilegio y el poder con el cabello de los rubios, el racismo oculta las verdaderas causas de esas situaciones de desigualdad y de explotación, los procesos históricos que esclavizaron y colonizaron a los primeros y que han dado tantos privilegios a los últimos.

El racismo funciona entonces como una práctica que hace absolutamente visibles la riqueza, la desigualdad y la injusticia, porque las inscribe en los cuerpos "racializados" de las mujeres y los hombres, los ancianos y los niños, pero que a la vez vuelve invisibles sus verdaderos orígenes sociales e históricos.

Podemos afirmar entonces que el racismo mexicano nos debe preocupar e importar porque es también una forma de clasismo, de discriminación cultural y de sexismo. Porque es un vehículo que sirve para expresar y a la vez disimular todas estas maneras de separar y diferenciar a los seres humanos. Porque se mezcla con tantos prejuicios y odios, ignorancias y desprecios y los vuelve más naturales y, aparentemente, más aceptables.

En México, el racismo es alimentado por la definición misma de nuestra identidad, la idea de que somos todos miembros de una misma raza, la mestiza. Esta falsa unidad, lejos de borrar nuestras diferencias, nos hace separarnos y discriminarnos según el color de nuestra piel, nuestras lenguas y nuestras culturas. Por ello, en los próximos capítulos demostraré que los mexicanos somos racistas precisamente porque nos creemos mestizos.

5

La leyenda del mestizaje

Todos los mexicanos hemos escuchado y leído esta leyenda desde muy pequeños, en la escuela, en nuestras casas, en los medios de comunicación y en los libros de historia, al grado de que hemos aprendido a considerarla una verdad incuestionable.

Según nos contaron y nos siguen contando nuestros padres, nuestros profesores y demasiados historiadores e intelectuales, todos nosotros somos mestizos porque descendemos de un padre español conquistador, nada más y nada menos que el implacable y temido Hernán Cortés, y de una madre indígena conquistada, la mismísima Malinche, su hermosa pero traidora intérprete nativa.

Las versiones más escabrosas de esta fábula, como aquella pregonada por Octavio Paz en su famosa obra *El laberinto de la soledad*, afirman incluso que nuestro papá violó a nuestra mamá y que nuestros acendrados complejos de inferioridad provienen de esa violencia fundadora de nuestra identidad familiar y nacional.

La leyenda sostiene, a continuación, que de esa difícil unión nacieron los mestizos, una nueva clase de seres humanos que habría de combinar los mejores atributos de las dos razas que la constituyeron.

Desde su nacimiento, la nueva raza mestiza ha tenido como vocación y destino integrar en su seno a las dos razas que la crearon, la española y la india, y fundirlas de manera irreversible en el crisol de su identidad "sincrética". Además, desde 1521 hasta el día de hoy, nuestro imparable mestizaje ha logrado absorber también las diferentes oleadas de inmigrantes que han llegado a nuestras costas. Así, los africanos traídos como esclavos se convirtieron en "afromestizos" y los asiáticos y otros inmigrantes se han "incorporado" de una manera u otra a la raza mestiza. La mezcla biológica ha tenido también consecuencias culturales, pues los mestizos han absorbido las cualidades de todos esos grupos llegados a nuestras tierras y han integrado también sus culturas.

Desde el punto de vista de la leyenda, en efecto, la mezcla racial y la cultural son parte de un solo proceso de fusión humana que crea seres y culturas igualmente híbridas, distintas por necesidad a las matrices culturales de las que provienen. Por ello, el mestizaje no sólo cambió los cuerpos de los mexicanos, sino también la religión, creando el cristianismo "sincrético", la cultura, creando una cultura "mestiza" y nacional, las formas de comer, de pensar, de vivir.

Sin embargo, el balance de las herencias de los mestizos es claramente desigual. De su padre español, heredaron la virilidad, la pujanza, el espíritu aventurero, la racionalidad, la "brillante" cultura occidental, y toda una larga lista de cualidades admirables; de su madre indígena, recibieron apenas la sensibilidad artística, el amor a la tierra, la resistencia al dolor y al sufrimiento, y otros pocos atributos en una lista bastante menos prolongada y estimable.

A lo largo de los siglos, los mestizos fueron cobrando conciencia de su profunda originalidad y de su destino excepcional y terminaron por tomar las riendas del destino de nuestra nación, que les pertenecía plenamente. De hecho, la historia de México puede y debe ser entendida como la historia del triunfo del mestizaje y de la raza mestiza. Con la Independencia, los mestizos se sacudieron el yugo español, y con la Reforma liberal y la derrota de la intervención francesa se libraron del dominio de los "criollos" y de los extranjeros. A partir del triunfo de Benito Juárez, un indígena convertido en mestizo, y luego bajo la larga dictadura de Porfirio Díaz, México no pudo negar más su verdadera identidad racial y la asumió como su vocación. Sólo al fusionar de manera definitiva las razas opuestas, que de otra manera estarían condenadas a odiarse y exterminarse, el mestizaje pudo salvar a México de las atroces guerras raciales que asolaron a otros países de América Latina, así como del racismo despiadado que privaba en Estados Unidos.

La Revolución de 1910 terminó por consolidar el dominio del mestizaje y el régimen que nació de ella gestó un proyecto cultural y social que reflejaba de manera plena el auténtico carácter mestizo de los mexicanos.

La leyenda afirma también que los mestizos son a su vez los únicos dueños del futuro brillante que aguarda a México, pues han sabido convertir en su divisa el progreso y la modernización nacional, sin perder el justo orgullo por sus raíces españolas e indígenas. La cultura prehispánica, en particular, es un pasado glorioso del que saben vanagloriarse y que pueden presumir a todo el mundo cuando quieren enfatizar su identidad inconfundible, pero nunca deben dejarse atrapar por esta raíz autóctona, pues entonces se convertiría en un peso muerto que les impediría progresar.

Lo mismo vale para el catolicismo y, particularmente, la devoción a la Virgen de Guadalupe, nuestra "morenita" enviada directamente desde el cielo a bendecir el mestizaje. Los mestizos debemos saber reconocer y honrar nuestra identidad católica y guadalupana sin dejarnos paralizar por ella. Porque no hay duda, no puede haberla, de que el porvenir tan brillante que nos aguarda pertenece plenamente a la cultura occidental y a la modernidad capitalista liberal, tal como se practica en los países "civilizados" de América del Norte y de Europa, a los que debemos parecernos cada vez más.

De acuerdo con la leyenda, ser mexicano significa ser mestizo y ser mestizo significa ser mexicano. Aquellos grupos que no se han integrado a esta mezcla racial y cultural, que han insistido en mantenerse aparte por excesivo apego a sus tradiciones, como los indígenas, o por infundados prejuicios de superioridad, como los criollos o ciertos inmigrantes, constituyen por ese simple hecho una amenaza a la unidad nacional y un obstáculo al destino histórico de México.

En nombre de la integridad racial de la nación mestiza, pregonada por la leyenda del mestizaje, los gobiernos mexicanos del siglo xx diseñaron ambiciosas políticas para "integrar" a los que se negaban a ser parte de la mayoría racial de la nación. El indigenismo fue concebido para convencer a los indígenas de evolucionar y transformarse voluntariamente en mestizos, prometiéndoles una vida mejor como parte de la "mayoría" de la patria. Las políticas educativas modernas se dirigieron a los "criollos" que se negaban a integrarse a la nación unificada racialmente y a los católicos recalcitrantes que se aferraban a la "superstición", la "ignorancia" y el "atraso". Ambas iniciativas se reforzaban con una combinación de incentivos, como ofrecimientos de servicios de salud y de educación pública, construcción de carreteras, apoyos para el desarrollo económico.

Contra quienes se resistieron abiertamente y rechazaron la mano tendida por el Estado mestizo, como los rebeldes yaquis o los cristeros, el gobierno no vaciló en usar la fuerza y la represión. El combate se describió con frecuencia en términos providenciales, como una "cruzada" que buscaba "redimir" a la población atrasada e ignorante.

Al mismo tiempo, nuestros gobiernos también buscaron maneras de excluir del país a los inmigrantes que consideraban inferiores o no suficientemente dispuestos a integrarse a la nación mestiza, como los chinos, los africanos, los judíos; es decir, casi todos aquellos que no fueran europeos, pues éstos sí podían contribuir de manera positiva a mejorar la raza mestiza.

Construir la gran patria racialmente unificada, orgullosa de sus raíces pero con la mirada firmemente plantada en un futuro de progreso y modernidad, era la gran misión de los gobiernos revolucionarios de la primera mitad del siglo XX. En boca de sus portavoces más exaltados, como José Vasconcelos, esta tarea adquirió una dimensión cósmica. La labor del mestizo legendario no se limitaría a emancipar a su propia patria de los yugos opresores de la tradición indígena muerta, del fanatismo religioso y de la opresión extranjera: se convertiría también en un ejemplo luminoso para el resto del mundo, en el precursor de la humanidad futura y de su inevitable y deseable mezcla racial. Sería una "raza cósmica" que iniciaría una nueva era de espiritualidad en todo el planeta.

La trascendencia universal que la leyenda atribuía a nuestro mestizaje era la confirmación del carácter excepcional de nuestro país y de su historia. Según sus apologistas, el mestizo mexicano era una criatura única a nivel mundial, un caso inimitable de integración entre conquistadores y conquistados, bendito por el milagro también irrepetible de la Virgen de Guadalupe.

La misma leyenda, sin embargo, estipulaba que para lograr que el mestizo nacional cumpliera tan exaltada misión se requería una constante vigilancia. El riesgo era que la mezcla racial se dirigiera en la dirección equivocada y que en vez de privilegiar las mejores cualidades de cada raza, principalmente de la blanca, permitiera que se impusieran las taras y los vicios, particularmente aquellos heredados de la raza indígena.

Por ello, el mestizaje debía ser dirigido por las ciencias más modernas y por la eugenesia (una disciplina médica y social, ahora desprestigiada, que pretendía controlar la manera en que las poblaciones humanas se reproducían para eliminar sus características indeseables y mejorar la "calidad racial" de la población). Una educación cuidadosa debía extirpar las malas costumbres, los "dialectos" primitivos, las creencias precientíficas de los indígenas y de los mestizos que estaban aún cercanos a sus raíces indias (así como de los católicos demasiado aferrados a sus "supersticiones"). En términos más brutales, era tarea de la ciencia y de la acción gubernamental emblanquecer a los indios, nunca, bajo ninguna circunstancia, "indianizar" u oscurecer a los blancos.

Sin embargo, algunas versiones de la leyenda también advertían del riesgo de caer en el otro extremo. Un blanqueamiento excesivo del mestizo, su completa occidentalización amenazaban con hacerlo perder su identidad y su particularidad, es decir, aquello que lo hacía realmente excepcional a nivel mundial. Por ello, el mexicano debía permanecer siempre orgulloso de sus antepasados indígenas y debía defender celosamente esa herencia de ruinas magníficas y de monolitos espeluznantes, de códices coloridos y de bailes folclóricos. Ese orgullo, sin embargo, no debía salir de los carteles de promoción turística, de las ferias y de las exposiciones como "México. Esplendores de treinta siglos", pues no debía opacar de ninguna manera el porvenir moderno y occidental de la nación.

La postura que la leyenda exigía a nuestro mestizo era digna de un contorsionista, o tal vez propia de un Jano bifronte y un poco esquizofrénico. Debido a ello, ya desde principios del siglo xx, los defensores y amigos de la nueva raza nacional se preocuparon por su salud y los filósofos y psicoanalistas diagnosticaron cada uno de los síntomas de su neurosis, cada una de sus manías y cada signo de sus traumas históricos.

Pese a su excepcionalidad cósmica, el mestizo mexicano resultó ser, a ojos de los filósofos, los doctores y los literatos, un pelado soez, un hipócrita acomplejado, un misógino violento que despreciaba a su madre violada y no podía terminar de identificarse con su admirado y temido padre conquistador. Perdido en el laberinto de su soledad, el mestizo sería incapaz de encontrar su verdadera grandeza sin la paternal custodia del Estado y la desinteresada asesoría de los intelectuales cosmopolitas.

Mientras tanto, la leyenda demandaba que fuera tratado como un menor irresponsable con fuertes tendencias delincuenciales y que sólo podía ser regañado y orientado por los conocedores, vigilado incesantemente por los moralistas y gobernado de manera autoritaria y paternal por un régimen de un solo partido político. Sólo esta tutela permitiría, en un futuro siempre prometido pero siempre inalcanzable, que los mestizos realmente existentes, la plebe, los pelados, lograran estar realmente a la altura de su misión histórica y de su vocación cósmica como raza.

6

Cinco tesis contra el mestizaje

A continuación, presentaré cinco tesis que tienen como objetivo demostrar la falsedad de la historia construida por la leyenda del mestizaje y desmontar los prejuicios racistas y también sexistas y culturales que alimenta.

1. EL MESTIZAJE NO FUE UN PROCESO BIOLÓGICO

La premisa fundadora de la leyenda del mestizaje es que el simple hecho de que un español y una indígena hayan procreado un vástago hizo de sus hijos seres esencialmente diferentes de sus progenitores. Por su origen biológico mezclado, el mestizo ya no pertenecía de manera plena ni al mundo de su madre ni al de su padre. Por ello, esta nueva criatura debía crear un mundo y una cultura nuevos que fueran como ella: una mezcla de lo indígena y lo europeo.

En la realidad histórica, sin embargo, la mezcla biológica entre personas procedentes de diferentes continentes nunca significó mucho en sí misma. Los primeros hijos de españoles y mujeres indias nacidos en el siglo XVI vivieron como indígenas si eran criados por sus madres y sus familias, o como españoles si eran reconocidos y criados por el padre.

Así, por ejemplo, Martín Cortés, el hijo del propio Hernán y la Malinche, saludado frecuentemente como el primer mestizo mexicano, era considerado como un español y un conquistador por sus contemporáneos y se comportó como tal toda su vida. El que muchos años después haya participado supuestamente en una vaga conspiración para rebelarse contra el rey de España no significa que tuviera una conciencia o forma de ser distinta a los demás españoles y menos que pensara como un mestizo nacionalista: estaba descontento contra ese monarca al igual que los otros conquistadores españoles, compañeros de su difunto padre, porque éste no reconocía sus supuestos títulos para gobernar sobre esta tierra y su pretendido derecho a explotar el trabajo y las tierras de los indígenas a quienes habían sometido.

En cambio, otros hijos de conquistadores y mujeres nativas, como Diego Muñoz Camargo, el brillante historiador tlaxcalteca, crecieron con las familias de sus madres y formaron parte, por lo tanto, del mundo indígena, al que defendieron elocuentemente contra los abusos de los españoles, a la vez que se enorgullecían de su sangre peninsular y de su prosapia conquistadora.

Estos ejemplos nos recuerdan algo que todos sabemos, pero olvidamos cuando repetimos las falsedades pregonadas por la leyenda del mestizaje. Lo que realmente determina la cultura, la identidad y la forma de pensar de una persona es su entorno social, su educación, sus amistades y sus referentes culturales, no su origen "racial". Las razas, como ya vimos, no son realidades biológicas, por lo que el mestizaje mexicano no se puede explicar a partir de la simple mezcla de genes.

Por otro lado, la propia leyenda desconfía de una verdadera mezcla biológica entre españoles e indias, pues busca que los genes de los primeros se impongan sobre los de las segundas. La idea es que el mestizo se vaya haciendo más europeo, biológica y culturalmente, y nunca que se haga más indio. En suma, lo que se busca es una transformación cultural, un blanqueamiento social, no una auténtica combinación genética.

En todo caso, a lo largo de los siglos desde la Conquista, la procreación entre mujeres indígenas y hombres de orígenes europeos no ha sido tan frecuente como lo pregona la leyenda del mestizaje.

Algunos historiadores repiten sin cesar el lugar común que afirma que los conquistadores españoles no trajeron consigo muchas mujeres de la península y, por lo tanto, tuvieron que recurrir a los favores sexuales de las indígenas o forzarlas a proporcionárselos, y que así nació la raza mestiza. Sin embargo, ni los conquistadores eran tantos, ni sus hijos fueron suficientes como para crear una nueva población. Además, como sucede con cualquier grupo humano, la primera generación de hijos de españoles en estas tierras incluían más o menos la misma cantidad de mujeres que de hombres, por lo que ya no fue necesario, y mucho menos deseable, recurrir a las uniones con mujeres indígenas.

De hecho, a lo largo del periodo colonial y hasta el mismo siglo XXI, nuestras élites criollas y "mestizas" han mantenido una estrategia constante de casar a sus hijos e hijas con inmigrantes españoles o europeos, o con hijos de otras familias de su propio grupo, mientras más blancas mejor, para mantener y defender su blancura, signo inequívoco de su privilegio.

Al mismo tiempo, por razones políticas y sociales, muchas comunidades indígenas han mantenido también una fuerte "endogamia", es decir, la práctica de casarse única o principalmente con miembros de sus propias comunidades.

Aunque no contamos con cifras exactas para medir la proporción de uniones mixtas y de matrimonios en el interior de cada grupo durante el periodo colonial, podemos afirmar lo siguiente para desmentir la leyenda del mestizaje:

En primer lugar, las personas llamadas mestizas constituyeron un grupo particular de la población novohispana, una "casta" que no era más que una pequeña minoría, relativamente marginal dentro del orden social. En realidad, muchas de ellas eran en verdad indígenas que habían dejado sus pueblos para escapar del tributo cobrado por los españoles o de los abusos de sus gobernantes; había también algunos españoles pobres y "descastados". La categoría colonial de mestizo no era "racial", sino una clasificación social que se usaba para referirse a los individuos que no pertenecían plenamente ni al mundo español ni al mundo indígena.

En segundo lugar, ya lo vimos, los inmigrantes europeos, peninsulares recién desembarcados y sus hijos criollos nacidos aquí, nunca fueron tan numerosos como para tener suficientes hijos con la mayoría de las mujeres indígenas para que esta mezcla racial tuviera un impacto significativo sobre la masa de la población nativa. Para colmo, preferían casarse con otros miembros de su propio grupo o con españoles recién desembarcados.

Por otro lado, las mezclas raciales que sí tuvieron lugar en el periodo colonial fueron más complejas que lo que la leyenda del mestizaje nos cuenta, pues incluyeron también a gran número de africanos y asiáticos. Pero de eso hablaremos en la tercera tesis.

En conclusión, la mezcla racial durante el periodo colonial fue tan poco importante que tras la Independencia, en el siglo XIX, la población del nuevo país era mayoritariamente indígena. Por ello, las élites criollas que gobernaban México soñaron con importar multitudes de colonos europeos para que blanquearan a la población nacional tercamente india a la que tanto temían y de la que tanto se avergonzaban.

Esta fantasía de ingeniería racial por medio de la inmigración fue muy difundida en la época por toda América, desde Estados Unidos y Canadá hasta Guatemala, Perú, Brasil y Argentina, donde los muy numerosos inmigrantes europeos fueron saludados como los emisarios de la civilización que venían a salvar a la patria de su destino de barbarie.

Sin embargo, en nuestro país fue un rotundo fracaso. En la práctica, las masas de inmigrantes blancos, industriosos, viriles y progresistas con que soñaban nuestros indolentes criollos, nunca desembarcaron en Veracruz, pues prefirieron dirigirse a Nueva York y a Buenos Aires. Para colmo, los pocos alemanes, italianos y otros europeos que sí llegaron a nuestras costas tampoco se mezclaron en grandes números con la población mexicana, y menos aún con los indígenas, a quienes se suponía que debían hacer desaparecer con los poderes superiores de su raza. De hecho, fundaron enclaves regionales donde se casaron de manera preferente entre ellos mismos, como habían hecho tradicionalmente los criollos y los indígenas.

El historiador Moisés González Navarro estudió los censos de población de fines del siglo XIX y principios del siglo XX, que nos permiten conocer con más exactitud el comportamiento de la población que en los periodos anteriores. Contrariamente a lo que nos quiere hacer creer la leyenda del mestizaje, encontró que los matrimonios y las uniones informales entre hombres blancos y mujeres indígenas, o cualquier otra combinación, casi no existieron.[1] Sin embargo, éste es precisamente el periodo en que más avanzó nuestra supuesta mezcla racial y en el que por primera vez las personas llamadas mestizas se convirtieron en la mayoría de la población.

Por todo esto, podemos afirmar que en México la mezcla entre diferentes razas, o exactamente entre personas de origen

[1] Moisés González Navarro, "El mestizaje mexicano en el periodo nacional", *Revista Mexicana de Sociología*, vol. 30, núm. 1, 1968, pp. 35-52.

americano y europeo, no ha sido tan amplia y tan significativa como pretende la leyenda del mestizaje. Si bien han ocurrido muchas uniones entre personas de diferente origen, éstas no han sido la regla, ni siquiera la práctica más común o preferida.

Sin embargo, la mayoría de los mexicanos nos asumimos mestizos y reconocemos en nuestro aspecto físico una combinación de rasgos de origen "europeo" e "indígena", favoreciendo claramente a los primeros sobre los segundos. Pero ésta es una manera subjetiva de juzgar nuestra identidad, producto de la propia leyenda del mestizaje que nos han enseñado, no necesariamente una realidad biológica.

Nuestro sentimiento de ser mestizos también es resultado de un hecho histórico afortunado: desde hace ya dos siglos el Estado mexicano no clasifica a las personas por su supuesta raza, de manera que es casi imposible conocer nuestro origen "racial" con precisión. Sin embargo, cuando consultamos la genealogía, lo que buscamos con mayor énfasis suelen ser nuestras raíces españolas o europeas, y no es extraño que ocultemos o neguemos una posible extracción indígena.

En última instancia, la existencia de un número indeterminable (aunque no tan alto) de personas que son realmente descendientes de las uniones entre hombres europeos y mujeres indígenas, como nos cuenta la leyenda (aunque también de africanos y de asiáticos, como suele negarlo), no significa nada por sí misma ni lo ha significado a lo largo del tiempo. Los mundos culturales de los conquistadores y sus descendientes, y de los indígenas y los suyos, se mantuvieron claramente diferenciados durante el periodo colonial, e incluso después de la Independencia, en los terrenos sociales, económicos y políticos. En el México de hoy, existe una diversidad cultural mucho más amplia de lo que la leyenda del mestizaje nos permite reconocer, tanto entre los grupos que llamamos indígenas como entre los que llamamos mestizos, por no hablar de aquellos otros cuya existencia misma solemos negar.

En otras palabras, el mestizaje "racial" no es ni la causa ni el motor ni la explicación de los intercambios culturales y sociales entre los diferentes grupos que han convivido en nuestro país, tema que abordaremos en la próxima tesis y en el capítulo que sigue, donde hablaremos de la gran confluencia mexicana de los últimos dos siglos.

2. EL MESTIZAJE TAMPOCO HA SIDO CULTURAL

En la segunda mitad del siglo XX se puso de moda decir que el mestizaje mexicano no fue realmente "racial", pues el término había caído en el desprestigio tras los excesos cometidos por los nazis, así como por las luchas de emancipación de la población afroamericana en Estados Unidos y por la descolonización en todo el mundo. En su lugar, incontables antropólogos e historiadores han afirmado que lo que tuvo lugar en nuestro país fue un "mestizaje cultural".

Esta distinción no me parece convincente porque en el fondo utiliza los mismos términos raciales para definir nuestro proceso histórico. En los textos de los defensores del "mestizaje cultural", es frecuente que se siga confundiendo cultura con raza, biología con sociedad, y que el resultado continúe siendo la "racialización" de la historia mexicana.

Por otro lado, quienes proponen este concepto lo emplean para defender y afianzar los principales dogmas de la leyenda del mestizaje, incluso los más difíciles de sustentar.

En primer lugar, la idea del mestizaje cultural privilegia la mezcla y la unificación como el fin y el motor de la historia mexicana y niega la continuada pluralidad de nuestra población y de nuestras culturas. Así como el mestizaje racial preconizaba la homogeneidad de la raza mestiza, el cultural define una "cultura mestiza" singular que se convierte en la única cultura nacional o en todo caso en la dominante. Además, esta mezcla favorece, de manera predecible, a la cultura hispana y occidental sobre las culturas indígenas, pues en el mestizaje cultural que define imperan siempre los rasgos de la primera sobre las segundas (y sólo se menciona de manera muy superficial la participación de las culturas africanas o asiáticas).

Finalmente, comparte con la leyenda del mestizaje racial la visión lineal y teleológica de la historia de México, pues afirma que el "mestizaje cultural" se inició con la propia conquista española y, sobre todo, con la "evangelización" católica, y ha continuado de manera ininterrumpida hasta nuestros días.

Decir que la cultura (más bien, las culturas) de todos los mexicanos contiene elementos que provienen de las tradiciones indígenas, europeas, africanas y asiáticas que han llegado a nuestro país es sin duda verdadero, como lo es proponer que ha habido un cierto grado de mezcla biológica entre las personas de estos distintos orígenes.

Afirmar que ello nos hace "mestizos culturales" es tan simplista y falso como defender que somos "mestizos raciales". Así como los diferentes grupos humanos que han convivido en México no siempre han querido unirse y reproducirse entre sí, tampoco han estado siempre abiertos a adoptar las culturas de los demás.

En particular, los grupos de cultura europea (integrados no sólo por personas de ese origen) han defendido siempre sus diferencias sociales y culturales con el resto de la población y las han utilizado para sustentar sus privilegios sociales y políticos. Así como en términos raciales el mestizaje nunca supuso indianizar a los blancos, sino blanquear a los indios, su definición cultural nunca ha pretendido que las élites nacionales aprendan de las culturas indígenas, afromexicanas u otras, sino que les enseñen e impongan su cultura occidental, que consideran indudablemente superior. Esta intolerancia cultural ha sido más acentuada después de la Independencia de nuestro país que en el periodo colonial.

Frente a estas imposiciones, muchos grupos indígenas y africanos han defendido la particularidad de sus culturas y sus identidades, aunque han sabido adoptar en mucho mayor medida elementos culturales provenientes de Europa y de los otros continentes, o se han visto forzados a hacerlo.

La pluralidad de las formas de vivir y de pensar, de hablar y de valorar que han existido y existen en nuestro país no puede y menos debe reducirse a una categoría tan simplista como la de "mestizaje cultural". Tampoco es justo pretender olvidar a nombre de esta supuesta mezcla las imposiciones, los prejuicios y las discriminaciones que han separado y han marginado a muchas de las culturas que han convivido en México a lo largo de los siglos, y que han pretendido imponer una de ellas como la única válida.

3. EL MESTIZAJE NO SE REALIZÓ SÓLO ENTRE HOMBRES BLANCOS Y MUJERES INDIAS

La leyenda del mestizaje predica que los mestizos mexicanos somos hijos de padre español y madre indígena y elige como paradigma la relación de Hernán Cortés con la Malinche.

Esta mítica pareja está marcada por un imaginario abismo entre la supuesta superioridad masculina y la pretendida inferioridad femenina. La concepción patriarcal y machista de los profetas mestizos atribuía, por necesidad, un papel dominante a la fuerza viril, activa, penetradora de los españoles, sobre la pasividad femenina, victimizada y penetrada de las indias.

Por ejemplo, impulsado más por la misoginia que por cualquier evidencia histórica, Octavio Paz afirmó en *El laberinto de la soledad* que la Malinche y todas las mujeres indígenas que se relacionaron con los conquistadores fueron "violadas" por ellos, aunque hayan sentido atracción por los hombres blancos o los hayan seducido:

> Si la Chingada es una representación de la Madre violada, no me parece forzado asociarla a la Conquista, que fue también una violación, no solamente en el sentido histórico, sino en la carne misma de las indias. El símbolo de la entrega es doña Malinche, la amante de Cortés. Es verdad que ella se da voluntariamente al Conquistador, pero éste, apenas deja de serle útil, la olvida. Doña Marina se ha convertido en una figura que representa a las indias, fascinadas, violadas o seducidas por los españoles. Y del mismo modo que el niño no perdona a su madre que lo abandone para ir en busca de su padre, el pueblo mexicano no perdona su traición a la Malinche. Ella encarna lo abierto, lo chingado, frente a nuestros indios, estoicos, impasibles y cerrados. Cuauhtémoc y doña Marina son así dos símbolos antagónicos y complementarios. Y si no es sorprendente el culto que todos profesamos al joven emperador —"único héroe a la altura del arte", imagen del hijo sacrificado—, tampoco es extraña la maldición que pesa contra la Malinche.[2]

La condena del poeta es irremisible y las mujeres indígenas no merecen a sus ojos ni un asomo de comprensión o piedad. Son

[2] Octavio Paz, *El laberinto de la soledad*, Fondo de Cultura Económica, México, 1970, pp. 77-78.

simplemente "chingadas," encarnaciones abyectas y desechables de la humillación de su raza. En contraste, Cuauhtémoc, el guerrero vencido y "sacrificado", es considerado digno de admiración pese a, o precisamente porque fue derrotado en un inútil combate.

De esta manera, la leyenda del mestizaje otorga a la "raza blanca" todas las supuestas cualidades positivas de la masculinidad, poder, fuerza, agresión, mientras que achaca a la "raza indígena" todas las supuestas limitaciones de la feminidad, impotencia, debilidad, pasividad. Por ello, "nuestra madre" la Malinche sólo puede ser objeto de escarnio y execración.

Esta condena sexista que pende sobre las cabezas humilladas de los mestizos sería realmente trágica si tuviera algún elemento de verdad. En la realidad histórica, la no muy cuantiosa mezcla entre españoles e indígenas (y también africanos y asiáticos, como veremos a continuación) no se limitó a las figuras arquetípicas del padre español violador y la madre indígena violada, sino que tomó muchas otras formas e involucró también a mujeres blancas y varones de origen no europeo.

Sin embargo, los profetas (siempre varones) del mestizaje insisten en reservar el papel dominante a los varones de origen europeo para confirmar la supremacía que nuestras élites intelectuales y políticas se atribuyen sobre las mujeres "mestizas" y también sobre las mujeres y los hombres indígenas.

4. EN MÉXICO NO HAN CONVIVIDO ÚNICAMENTE INDÍGENAS Y ESPAÑOLES

Aunque la leyenda afirma que el mestizaje es producto de la unión entre hombres españoles y mujeres indígenas, en nuestro país también han llegado a vivir personas provenientes de África y de Asia Oriental, así como del Medio Oriente y otras regiones del mundo.

Desde tiempos de la conquista misma llegaron a nuestras tierras numerosos africanos, principalmente. La mayoría eran esclavos y fueron segregados y mantenidos aparte como tales del resto de la sociedad. Algunos tuvieron relaciones con blancos e indígenas y crearon una población de "mulatos", "chinos", "lobos", "jarochos" y otras castas que eran, al menos, tan numerosas como la de mestizos (hijos de españoles e indígenas), pero que no llegó a ser mayoritaria tampoco, frente al inmenso número de la población indígena. En el siglo XIX, la población de origen africano llegó incluso a sumar más del 10% de la población total de la Nueva España, según las estimaciones de Gonzalo Aguirre Beltrán.[3] Por ello, no sorprende que varios dirigentes de los ejércitos rebeldes de la guerra de Independencia, como José María Morelos y Vicente Guerrero, entre otros, fueran miembros de estos grupos "mulatos".

Sin embargo, en el periodo colonial las personas de origen africano y sus descendientes, "puros" o "mezclados", fueron objeto de constante recelo y de frecuentes agresiones. Lo mismo sucedió en el siglo XIX. Cuando Guerrero llegó a ser presidente de México, fue visto con un desprecio abiertamente racista por los dirigentes de las élites criollas, como Lucas Alamán.

Tal vez por ello a lo largo de su primer siglo de vida, la nueva nación hizo desaparecer completamente de su mapa social a los afrodescendientes, al grado de que los mexicanos nos conven-

[3] Gonzalo Aguirre Beltrán, *La población negra en México, un estudio etnohistórico*, Fondo de Cultura Económica-Universidad Veracruzana-Instituto Nacional Indigenista, México, 1989, p. 234. (Obra antropológica II.)

cimos de que nuestra población no incluía casi ningún elemento de origen africano.

Esta desaparición no fue producto de matanzas o genocidios, sino que se logró de una manera más "benigna", haciendo invisibles socialmente a los miembros de este amplio grupo. Al abolir la esclavitud, a la que estaban aún sometidos un gran número de "negros", y también la clasificación de la población en "castas", a la que pertenecían los mulatos, las personas de origen africano dejaron de tener una personalidad social reconocible en nuestro país. A partir de ese momento ya no fueron consideradas como un grupo aparte y se incorporaron a la gran masa de la ciudadanía nacional. Por otro lado, ellos aprovecharon esta oportunidad de escapar de la condición de inferioridad a la que los relegaba el régimen colonial y se integraron al creciente contingente de los llamados "mestizos" mexicanos. Éste es un aspecto poco conocido de la "gran confluencia" del siglo XIX.

En contraste, el historiador estadounidense Theodor G. Vincent escribió un libro titulado *El legado de Vicente Guerrero, primer presidente indio y negro de México*, en el que destacaba la importancia del origen racial de este héroe nacional.[4] Su visión nos puede parecer desconcertante porque nosotros solemos ver a Guerrero como un "mestizo", en todo caso, pero nunca como negro, y porque tampoco estamos acostumbrados a contemplar la posibilidad de que las personas de origen africano hayan tenido tanta relevancia en nuestra historia. Sin embargo, los insultos que dirigían a Guerrero sus contemporáneos recordaban claramente su origen racial y el hecho de que también haya sido el primer presidente

[4] Theodore G. Vincent, *The Legacy of Vicente Guerrero: Mexico's First Black Indian President*, University Press of Florida, Gainesville, 2001.

mexicano fusilado al poco tiempo de dejar el poder quizás también tenga que ver con el color de su piel.

Para principios del siglo XX, la desaparición de las personas de origen africano del escenario mexicano era completa. En su gran obra sobre el mestizaje nacional, *Forjando patria*, publicada en 1916, Manuel Gamio exaltó con elocuencia la fusión de la raza indígena y la europea como salvación de nuestro país, pero no mencionó ni una sola vez la presencia de africanos en nuestro territorio.

Fue hasta mediados del siglo XX cuando Gonzalo Aguirre Beltrán, uno de los grandes antropólogos indigenistas, comenzó a estudiar de manera sistemática a los grupos de origen africano. Sin embargo, como firme adherente y promotor de la leyenda del mestizaje, afirmó que los "negros" estaban en su inmensa mayoría mezclados con indígenas y europeos, y que por eso se habían incorporado a la mayoría "mestiza" de la nación. Según su opinión, los pocos reductos de población puramente africana que restaban en Oaxaca y Veracruz debían seguir el mismo camino de incorporación al mestizaje, como los indígenas.

Desde entonces, los estudiosos y defensores de la población negra en México han acuñado el término "tercera raíz" para referirse a la aportación africana a nuestra identidad nacional. Por desgracia, la dimensión que le asignan a la presencia africana confirma el carácter tardío y precario de la inclusión de los africanos en nuestra leyenda mestiza.

Menos reconocida es la inmigración de asiáticos durante el periodo colonial y su participación en la sociedad novohispana, aunque llegaron a nuestras costas un buen número de personas provenientes de lo que hoy son Filipinas, China, Japón e incluso India.

En el siglo XIX, hubo una mayor inmigración china y japonesa. A principios del siglo XX los primeros fueron víctimas de diversas masacres y expulsiones. Dos estados en particular intentaron erradicar a toda la población de este origen de su territorio: Sinaloa y Sonora. Las expulsiones del país afectaron tanto a personas de origen chino nacidas en México (es decir, a ciudadanos mexicanos) como a mujeres mexicanas casadas con chinos y a sus hijos "mezclados", una evidencia incontrovertible de que nuestro mestizaje se negaba de manera terminante a incluir a los asiáticos. Hay que señalar que algunos de estos expulsados, que terminaron en China tras pasar por Estados Unidos, demandaron años después su repatriación al Estado mexicano y fueron reconocidos como ciudadanos por los gobiernos de Lázaro Cárdenas y de Manuel Ávila Camacho.[5]

A lo largo de los siglos XIX y XX, todos los inmigrantes que no eran blancos y europeos fueron vistos con recelo y prejuicios racistas por el gobierno de México. Los judíos eran vigilados porque se pensaba que tanto su renuencia a mezclarse con los otros grupos como su religión eran incompatibles con la cultura nacional, firmemente anclada en el catolicismo guadalupano. También se temía que trajeran a México ideologías comunistas y anarquistas que no eran deseables para el Estado. Los prejuicios contra los judíos alimentaron un significativo antisemitismo a mediados del siglo XX que fue reforzado por la simpatía que muchos mexicanos sentían por Alemania y las potencias del Eje en la Segunda Guerra Mundial. Un caso entre muchos de personas que sufrieron una exclusión por su origen "racial" es el de Mandel Cohen, que

[5] Julia María Schiavone Camacho, "Crossing Boundaries, Claiming a Homeland: The Mexican Chinese Transpacific Journey to Becoming Mexican, 1930s-1960s", *Pacific Historical Review*, vol. 78, núm. 4, 2009, pp. 545-577.

intentó inmigrar a Baja California desde Estados Unidos en 1934 y fue rechazado por las autoridades migratorias con el siguiente argumento:

> [Debe evitarse] la colonización del territorio de Baja California, a base del elemento extranjero, y menos del elemento judío, cuya arrogancia y orgullo raciales son universalmente conocidos, y han provocado graves conflictos en otras naciones. No solamente en época de crisis, sino en cualquier época normal, debe buscarse de preferencia la inmigración susceptible de asimilación a nuestro medio y la adaptación a nuestras costumbres y a nuestras leyes, y salta de manifiesto que en este caso no se encuentra la inmigración judía.[6]

La intolerancia racial mestiza en este caso se vio agravada por los ecos del antisemitismo europeo, por un sentimiento nacionalista exacerbado y por las amenazas que la guerra podía significar para México en una zona fronteriza. Resulta particularmente repulsivo que un funcionario mexicano culpara a los judíos mismos de la persecución de que eran objeto por parte de los gobiernos nazis y fascistas en Europa. Aunque muchos otros inmigrantes de este origen fueron admitidos en territorio nacional, la desconfianza en su contra era frecuente.

Frente a estos ejemplos de racismo y exclusión, Enrique Krauze ha realizado en tiempos recientes una abierta defensa de la naturaleza incluyente del mestizaje mexicano. Desde su punto

[6] Marta Saade Granados, "México mestizo: de la incomodidad a la certidumbre. Ciencia y política pública posrevolucionarias", en Carlos López Beltrán (coord.), *Genes (&) Mestizos. Genómica y raza en la biomedicina mexicana*, Ficticia, México, 2011, p. 60.

de vista, la mezcla cultural mestiza ha sido tolerante y ha permitido la incorporación a la cultura y a la vida pública nacional de las oleadas de inmigrantes que han llegado a nuestras costas.[7]

Su argumento minimiza la importancia de los casos de intolerancia y violencia contra los grupos diferentes a lo largo del último siglo de la historia mexicana. También asume que el precio que tuvieron que pagar los inmigrantes para integrarse, como tener que abandonar o restringir el uso de sus idiomas originales y en muchos casos disimular sus identidades culturales y religiosas, valió la pena en comparación con las ventajas que obtuvieron de la integración al "mestizaje": participar en la vida cultural, política y económica de la nación.

Esta valoración de los costos y beneficios de la integración puede resultar adecuada en muchos casos, pero sin duda debe haber variado entre diferentes individuos y grupos y no todos los inmigrantes compartirían la visión positiva de Krauze respecto a la tolerancia mexicana.

En todo caso, los ejemplos que hemos discutido demuestran de manera muy clara que la leyenda del mestizaje entre españoles e indias ignora y menosprecia, por su propia naturaleza, la gran importancia de los otros grupos que han llegado a México en los últimos 500 años y, por lo tanto, resulta inevitablemente excluyente. Los intentos por ampliarla para incorporar a los "afromestizos" o a los inmigrantes son sólo meros paliativos que no modifican su naturaleza discriminatoria.

[7] Diversos textos del autor sobre el tema están reunidos en el sitio www.enriquekrauze.com.mx. Véase particularmente, "Reforma y mestizaje".

5. EL MESTIZAJE NO COMENZÓ CON LA CONQUISTA, SINO EN EL SIGLO XIX

La leyenda del mestizaje afirma que la mezcla racial se inició con la conquista española en 1519 y que fue el resultado principal e inevitable de la misma. Desde entonces se supone que ha proseguido de manera continua hasta conformar plenamente lo que hoy es la nación mexicana.

Esta larga genealogía no tiene sustento histórico ni en el periodo colonial ni en los siglos XIX y XX.

Bajo el dominio español, los grupos de "mestizos" y de otras "castas", constituidas por hijos de africanos, asiáticos, indígenas y blancos que no pertenecían plenamente a las grandes poblaciones de españoles y de "indios", fueron siempre una pequeña minoría. Generalmente jugaban papeles muy particulares en el orden social, como capataces e intermediarios entre los españoles y los indígenas y esclavos, como arrieros, o eran grupos relativamente marginales.

Sólo una visión retrospectiva, construida por la leyenda del mestizaje, nos hace ver a estas castas, y en particular a los "mestizos", como un grupo más importante de lo que realmente fueron, porque los convierte en los antepasados directos de los mestizos actuales.

De hecho, los mexicanos llamados mestizos no llegaron a ser una mayoría de la población nacional sino hasta fines del siglo XIX en el México independiente, no durante el periodo colonial.

Este "triunfo" tardío, además, no se debió a que a partir de 1850 los hombres blancos comenzaran súbitamente a tener mucho más relaciones con las mujeres indígenas y a procrear una vasta prole de hijas e hijos mestizos (la otra posibilidad, de que fueran los hombres indígenas quienes fecundaran a las mujeres blancas, es excluida de antemano por la leyenda del mestizaje). De hecho, como ya vimos, las estadísticas de los censos de la época indican lo contrario: incluso en el periodo en que más mexicanos se hicieron mestizos, los "blancos" siguieron casándose con "blancas", como los "indios" se casaban con "indias".

¿Qué pasó entonces en el siglo XIX que no había ocurrido durante la conquista ni en las centurias que siguieron?

Lo que llamamos equivocadamente mestizaje no fue la culminación natural de un proceso de 300 años, sino un fenómeno radicalmente nuevo producto de la modernización capitalista y de la consolidación estatal, que implicó el cambio de idiomas, de cultura y de ideología política de la mayoría de la población, así como la definición de una nueva identidad nacional. Se trató de un proceso de confluencia política, social, económica y cultural, pero no racial, una historia muy diferente a la que nos han contado.

En el siguiente capítulo propondremos una nueva manera de comprender esta confluencia más allá de las falsas visiones de la leyenda del mestizaje.

7

La gran confluencia mexicana

A lo largo de este capítulo me referiré a los grandes cambios que ha experimentado la sociedad mexicana en los últimos dos siglos como un proceso de confluencia, y evitaré a toda costa utilizar los términos de "mestizaje" o de "integración" que se han empleado generalmente para describirlos y pretender explicarlos.

Aunque parezca un poco vago, el concepto de confluencia permite distanciarnos de las categorías raciales de la leyenda del mestizaje y de sus certidumbres nacionalistas para comprender de una manera diferente el proceso histórico que ha transformado el rostro social y cultural de México, para bien y para mal.

También nos permite reconocer que los individuos y grupos que se adhirieron a la nueva identidad dominante que emergió de él, definida engañosamente como "mestiza", no abandonaron por ello sus identidades locales y particulares, sino que decidieron participar de esta otra, nueva y más amplia, impulsados por los beneficios que les podía otorgar o forzados por la persecución, la discriminación o el despojo.

Por esta razón, confluencia no es igual a mezcla, ni social ni cultural y menos racial. La sociedad mexicana que surgió de esta gran transformación siguió siendo plural, desigual y contradictoria, nunca fue ni será homogénea ni unificada.

Aun durante el apogeo del régimen "mestizante" de la Revolución a mediados del siglo XX, los diferentes grupos "indígenas" y "mestizos", campesinos y urbanos, populares y de clase media, las élites y los inmigrantes mantuvieron y fortalecieron las diferencias culturales, sociales e identitarias que los distinguían, tanto como los puntos que tenían en común.

En el siglo XXI esta pluralidad es aún más evidente y nadie puede ya negarla. Por ello, como veremos en el último capítulo, hablar de confluencia permite reconocer la necesidad de encontrar nuevas identidades e ideas que nos unan, más allá de la caduca idea del "mestizaje", sin por ello dejar de reconocer y respetar nuestras diferencias.

¿QUÉ FUE LA GRAN CONFLUENCIA?

Lo que sucedió históricamente en México a partir de la mitad del siglo XIX y hasta mediados del siglo XX fue una gigantesca transformación política, cultural, económica y lingüística de grandes sectores de la población. Se trató de un proceso de confluencia social que creó una nueva cultura nacional e identidad mexicana, que se llamó mestiza, aunque no fue producto de una verdadera mezcla de razas, como nos ha contado la leyenda del mestizaje que surgió en ese mismo periodo.

Entre 1810 y 1950 nuestro país se vio convulsionado por una larga sucesión de guerras civiles y de invasiones extranjeras. Esos años, sin duda, los más turbulentos de nuestra historia desde el siglo XVI, cambiaron de manera radical la faz de los múltiples pueblos y sociedades que vivían en México.

Al mismo tiempo, el territorio nacional fue unificado, como nunca antes, por el desarrollo de las comunicaciones, como el ferrocarril y la red de carreteras, el telégrafo, la radio y la televisión.

Esta unificación fue producto y causa del desarrollo de una nueva economía capitalista que terminó por incorporar, por las buenas y por las malas, tanto a los pobladores del campo como a los habitantes de las crecientes ciudades, tanto al sector agrícola como al minero y petrolero, al comercio y a la naciente industria.

De igual manera, el gobierno nacional logró centralizar el poder e imponer su control sobre la mayor parte del territorio nacional. Esta incorporación política se realizó tanto por las buenas, ofreciendo educación, servicios y oportunidades de participación económica y social a muy distintos grupos sociales, como obligatoriamente, reprimiendo e incluso exterminando a los grupos, indígenas y no, que se opusieran a la "integración", como pasó con los yaquis de Sonora, con los mayas rebeldes de Yucatán y con los llamados "cristeros", así como expulsando a los grupos, como los chinos, que no se consideraban compatibles con la naciente identidad "mestiza".

A partir de la Revolución, esta campaña de integración se unió a un proyecto de justicia social basado en el reconocimiento de los derechos de los campesinos y los obreros y la creación de un "Estado de bienestar" vinculado con la estructura autoritaria del partido único y sus organizaciones.

Entre los siglos XIX y XX, las fuerzas de la economía capitalista y las políticas del Estado se acompañaron y se reforzaron unas a otras en el proceso de transformación de México.

El desarrollo económico fue acompañado y acelerado por el despojo violento de las tierras de los campesinos, por la explotación del trabajo de los peones agrarios y de los obreros, por el aprovechamiento acelerado y ecológicamente destructivo de los recursos naturales, forestales, mineros y petroleros, por la subordinación de la economía mexicana a las necesidades de la economía capitalista mundial, centrada en Inglaterra y Estados Unidos. A la vez que impulsaba estos procesos, el Estado mexicano buscó construir una sociedad nacional relativamente autónoma, procuró paliar las injusticias más flagrantes, abrió nuevas formas de participación económica y social, entre tanto instituyó un régimen político monopolizador del poder.

El resultado fue una clara unificación de la sociedad mexicana. Como nunca había sucedido en la historia prehispánica o colonial, entre 1850 y 1950 la mayoría de los mexicanos comenzaron a hablar el mismo idioma (el español), a compartir valores políticos (el liberalismo), valores sociales (la aspiración a la modernidad económica), identidades culturales (la cultura nacionalista) y a considerarse partícipes de un mismo grupo social: definido de manera engañosa como la "raza mestiza".

El éxito del español como "lengua nacional" no se debió a que fuera de ninguna manera superior o más apto para la modernidad que el náhuatl, que había sido durante el periodo colonial la *lingua franca* entre los grupos que hablaban incontables idiomas diferentes, o que las demás lenguas nativas, fue producto de la manera terca e intolerante con que la creciente burocracia gubernamental, la naciente escuela pública, las empresas de todo tipo y los novedosos medios de comunicación impusieron el idioma minoritario de las élites como la única lengua oficial.

Al mismo tiempo, la cultura de los grupos urbanos privilegiados, de los funcionarios públicos, de los profesionistas, de los intelectuales y de los hombres de negocios, las personas más educadas, más prósperas y más poderosas de la nueva nación, se convirtió en la forma de pensar y de vivir más prestigiosa del país y en un modelo para el resto de la nación. Así desplazó como cultura nacional de élite a la que había imperado durante el periodo colonial: la de los miembros de la Iglesia, los funcionarios virreinales y la aristocracia criolla.

De manera paralela, la ideología política del liberalismo se difundió entre todos los grupos sociales mexicanos, en el campo y la ciudad, entre los criollos, los indígenas y las personas de origen africano y también entre los antiguos mestizos coloniales.

Los valores políticos liberales, como la ciudadanía, la defensa de los derechos políticos de los individuos y las comunidades, la legalidad republicana y la democracia representativa como forma de gobierno, fueron aceptados por la mayoría de los mexicanos y se convirtieron en el lenguaje en que expresaban sus voluntades políticas y participaban en los procesos de decisión y en los conflictos públicos, como movimientos y rebeliones. Todos estos cambios crearon una nueva forma dominante de ser mexicano.

El "mexicano ideal", por así decirlo, debía hablar español y tener convicciones políticas liberales; debía anhelar la prosperidad económica para sí mismo y para toda la nación, según las reglas de la economía capitalista; por ello, debía poseer y defender su propiedad individual, tanto de la tierra como de comercios o industrias; además, debía vestirse con ropas que siguieran las modas definidas en Europa y Estados Unidos, así como practicar las costumbres modernas y defender las ideas cosmopolitas y laicas copiadas de esos lugares; sin embargo, debía también ser católico y guadalupano en su vida privada, así como machista y patriarcal en su comportamiento familiar.

A lo largo de los siglos XIX y XX muchos hombres (y un menor número de mujeres) de orígenes muy diferentes fueron adoptando este nuevo ideal de ser mexicano, lo perfeccionaron y lo convirtieron en la manifestación por excelencia de la naciente identidad nacional mexicana.

Este nuevo tipo de mexicanos "ideales" no se identificaban plenamente con la tradición de los criollos coloniales, pues les parecía demasiado conservadora y católica, y porque además había excluido a la mayoría de ellos por el hecho de no ser de origen español. Tampoco se reconocían en las formas de vivir y de pensar de los indígenas, pues las asociaban con la pobreza y la sujeción coloniales y las consideraban atrasadas e ignorantes. La idea de identificarse con las personas de origen africano no se planteó siquiera, pues se asociaban con la mácula de la esclavitud y además se habían vuelto virtualmente invisibles en la vida social mexicana de la época.

Por ello, prefirieron definirse como "mestizos", una categoría intermedia entre estas identidades de origen colonial, aunque no todos eran realmente mezclados en términos "raciales", es decir, no tenían progenitores de orígenes español, indígena o africano, ni menos aún estaban dispuestos a casarse, o casar a sus hijas e hijos, con personas de un grupo distinto al suyo.

Los nuevos mestizos mexicanos, por lo tanto, no fueron producto de una mezcla "racial" y tampoco "cultural", sino de un cambio político y social que creó una nueva identidad. En términos históricos y culturales, esta forma de ser, bautizada como mestiza, era más cercana a la cultura occidental de las élites criollas que a ninguna de las tradiciones indígenas o africanas que convivían en el territorio de nuestro país.

Esta nueva definición de lo que era ser mexicano gozó de tanto prestigio y poder que fue copiada por los habitantes de muchas regiones de México tanto a nivel colectivo como individual, también fue impuesta desde el poder.

Muchos, tal vez la mayoría de los mexicanos que comenzaron a definirse como "mestizos" a partir de 1850, lo hicieron más bien por la fuerza, obligados por el embate de las políticas gubernamentales y del desarrollo económico capitalista.

Las leyes liberales declararon ilegal la propiedad colectiva de la tierra de las comunidades campesinas de todo el país, tanto hispanoparlantes como hablantes de alguna del centenar de lenguas indígenas que se usaban en el país. Debido a ello fueron despojadas de su territorio por las haciendas y las minas que crecían a sus alrededores. Ante esta agresión los miembros de muchos de estos pueblos no tuvieron más remedio que incorporarse a las redes de la naciente economía de mercado, como trabajadores campesinos, peones y jornaleros, como mineros o como obreros en las ciudades. En sus nuevos lugares de trabajo y residencia no tuvieron otra opción que hacer suyos los elementos claves de la nueva identidad "mestiza" mexicana, adoptando el español y dejando de enseñar sus anteriores idiomas indígenas a sus hijos, practicando la nueva cultura y otras formas de comportamiento social. A partir del siglo XIX, para poder conseguir un empleo, por más humilde que fuera, para poder participar en la vida política, para poder defenderse ante un tribunal, para poder realizar un trámite ante el gobierno se hizo indispensable hablar español.

Muchos niños, y un número menor de niñas, de origen indígena acudieron a las nuevas escuelas públicas fundadas por el gobierno donde se castigaba a quienes hablaban lenguas indígenas y se les obligaba a aprender castellano.

Aunque pueda parecer contradictorio, a la par de que eran obligados a aceptar estas transformaciones en su idioma y su forma de vida, los integrantes de la mayoría de las comunidades campesinas mantuvieron e intensificaron la defensa de su propiedad colectiva, de sus formas tradicionales de producción, como el cultivo del maíz, y de su gobierno comunitario. Tal es el caso del pueblo de Anenecuilco en Morelos, donde nació Emiliano Zapata, y de incontables comunidades que hoy son "mestizas", pero que antes eran "indígenas", en Guerrero, Veracruz, Estado de México, Michoacán y muchos otros estados del país.

Otro factor de confluencia social que favoreció la adopción de la nueva identidad mexicana dominante fueron los constantes conflictos civiles y las guerras extranjeras. Comenzando con las sucesivas rebeliones que llevaron a la Independencia del país a partir de 1810 y hasta la Revolución de 1910, los ejércitos rebeldes fueron integrados por personas de diversos orígenes: indígenas, africanos, castas, mestizos, españoles y criollos. A mediados del siglo antepasado se construyeron también grandes coaliciones de comunidades y de ciudadanos de orígenes muy diversos que apoyaron a los partidos liberales y conservadores.

Entre ellas, destaca el ejército encabezado por el guerrerense Juan Álvarez, quien consolidó una amplia confederación de combatientes indígenas e hispanohablantes, campesinos y urbanos, que jugaron un papel clave en el triunfo del partido liberal en la Guerra de Reforma en 1861 y luego en la derrota de la invasión francesa y del Segundo Imperio en 1867.

Esta alianza de grupos con diferentes identidades, lenguas y culturas, unidos por una plataforma política liberal, así como por la defensa de sus propiedades colectivas y sus formas de gobierno comunitarias, fue el antecedente histórico del Ejército Libertador del Sur encabezado por Emiliano Zapata durante la Revolución mexicana, que también integró una coalición pluriétnica que defendía las mismas banderas. Esta ideología plural e incluyente, defensora de las particularidades de las comunidades indígenas y "mestizas", a la vez que liberal y nacionalista fue revivida con gran éxito por el Ejército Zapatista de Liberación Nacional en 1994.

Estas coaliciones construyeron y defendieron una forma de ciudadanía liberal y también plural, no excluyente ni elitista. La historiadora Florencia Mallon lo ha definido como un liberalismo popular, para diferenciarlo de la versión purista y excluyente de esta doctrina definida por las élites.[1]

En el bando conservador, llama la atención el caso de Manuel Lozada, *el tigre de Álica*, un general de origen cora que reunió un amplio ejército de comunidades indígenas y mestizas que se opusieron a las leyes liberales que las despojaban de sus tierras y que se aliaron con el Imperio de Maximiliano, manteniendo bajo su control una vasta región del Occidente mexicano entre 1855 y 1870, aproximadamente.

Las guerras incesantes también contribuyeron a la confluencia social, pues forzaron a miles de personas a abandonar sus hogares, como soldados o como refugiados de la guerra, y a interactuar con personas de muy distintos orígenes, a cambiar sus lenguas y sus formas de vida, a integrarse a otras comunidades en el campo y en la ciudad.

Entre 1850 y 1950 todos estos factores transformaron a muchos pueblos y sociedades de México, forzándolos o impulsándolos a cambiar de idioma, de lugares de residencia, de formas de vestir y de trabajar, de creer y de pensar, de hacer política y de combatir.

En contraste, algunos de los nuevos "mestizos" que surgieron por todo el país adoptaron esta nueva identidad dominante de manera voluntaria, porque deseaban ascender en la sociedad y participar de las oportunidades que el desarrollo económico capitalista y el liberalismo triunfante les podrían ofrecer.

Muchos de los principales personajes de la política y la vida cultural de México en la segunda mitad del siglo XIX siguie-

[1] Florencia Mallon, *Campesino y nación: la construcción de México y Perú poscoloniales*, Centro de Investigaciones y Estudios Superiores en Antropología Social, México, 2003.

ron este camino de transformación individual, dejando atrás las comunidades indígenas en que habían nacido, y su identidad tradicional, para incorporarse a la nueva vida urbana y moderna de los "mestizos" y ascender en la sociedad nacional. Entre ellos se cuentan los presidentes Benito Juárez y Porfirio Díaz, y los escritores Ignacio Manuel Altamirano e Ignacio Ramírez, conocido como *el Nigromante.* Otros nuevos "mestizos", en cambio, provenían de familias criollas, pero adoptaron la nueva forma de ser mexicano y se convirtieron en defensores de su proyecto político e intelectual, como Vicente Riva Palacio y Justo Sierra.

Sobra decir que ninguna de estas comunidades e individuos cambió realmente su raza para hacerse súbitamente "mestizo", sino que modificaron su cultura y su identidad para asimilarse al ideal dominante del momento, ya fuera de manera forzada o voluntaria.

Por otro lado, hay que enfatizar que para muchas mexicanas y mexicanos adherirse a la nueva identidad nacional llamada "mestiza" no significó renunciar a sus otras identidades, de barrio o de pueblo, religiosas o culturales.

Las cifras del cambio de idiomas y de identidad étnica en la población son elocuentes. A principios del siglo XIX, el viajero alemán Alexander von Humboldt estimó que los novohispanos hablantes de lenguas indígenas constituían aproximadamente el 60% de la población nacional y los criollos y europeos constituían un 20%, dejando el restante 20% a los grupos definidos como "mestizos" (que eran básicamente todos los que no cabían en esas dos categorías e incluían a las personas de origen africano y asiático).

Según el primer censo realizado por el gobierno mexicano, en 1885, los hablantes de lenguas indígenas habían bajado a ser el 38% de la población, los mexicanos que se definían como "mestizos" eran entonces el 43% y los "blancos" seguían siendo el 19%.

El conteo de 1950 encontró que los hablantes de lenguas indígenas constituían apenas el 9.5% de la población y los mestizos el 90% restante, pues los criollos y los europeos habían dejado de ser reconocidos como un grupo aparte de la población y habían sido integrados (al menos estadísticamente) a la nueva mayoría.

En ese sentido, se puede afirmar que esta confluencia fue ampliamente exitosa y que logró lo que otros países americanos no consiguieron: crear una sociedad que compartía, mayoritariamente, la misma lengua, la misma ideología política, la misma identidad y que se identificaba con el proceso modernizador encabezado por el Estado nacional.

¿POR QUÉ ES IMPERATIVO DEJAR DE HABLAR DE "MESTIZAJE"?

Definir en términos raciales las transformaciones sociales y culturales de nuestro país en este periodo es engañoso, pues las reduce a una dimensión biológica que en realidad tuvo muy poca importancia y oculta sus verdaderos motores: el desarrollo de la economía capitalista y la consolidación del Estado-nación mexicano.

La falsa metáfora de la unión racial disimula también las profundas contradicciones y la violencia que acompañaron esta confluencia: las guerras y las matanzas, los despojos y la explotación, la discriminación y la exclusión, la imposición intolerante de una cultura que se definía como superior y que devaluaba y buscaba destruir todas las otras tradiciones culturales, la persecución de quienes pensaban diferente.

"Racializar" este proceso de confluencia social sirve, en cambio, para darle un aire de inevitabilidad a todas luces falso. A nombre de esta interpretación "racialista" se repite sin cesar la frase "los indios debían (y todavía deben) convertirse en mestizos". Esto implica que la confluencia debe tener una sola dirección, hacia la imposición de la cultura occidental e hispanohablante, y que no puede ni debe seguir los otros caminos posibles que la conformaron, más incluyentes y plurales.

Esta obsesión nacional por el mestizaje y la homogeneización nos ha impedido reconocer las formas en que varias regiones de México, como el Istmo de Tehuantepec o la Selva Lacandona, han experimentado confluencias diferentes en las que no se impuso el español ni la cultura occidental, sino versiones modernas y novedosas de las propias tradiciones indígenas.

Por otro lado, hablar de mestizaje racial también hace parecer que el proceso de confluencia es irreversible: un "mestizo" ya no puede volver a ser "indio" o "criollo" o "extranjero". Sin embargo, todos los procesos sociales pueden ser invertidos, tomar direcciones distintas a la prevista.

En consecuencia, el nombre de "mestizo" que se le dio a quienes se adhirieron, por las buenas o por las malas, a la nueva identidad nacional dominante es una etiqueta inexacta, e incluso injusta.

Para darse cuenta de ello, basta con recordar nuestro racismo "cromático", cómo en todas las regiones de nuestro país se ejerce de manera constante y despiadada la discriminación entre los llamados "mestizos" a partir de las diferencias en el aspecto físico, sumadas a las desigualdades de nivel socioeconómico y a las diferencias culturales. En suma, los mestizos nunca han sido homogéneos, pues siempre ha habido unos más iguales que otros. La tan cacareada unificación racial de los mexicanos, nuestra unión en una sola raza mestiza, nunca ha sucedido y en su lugar nos ha dejado con un racismo feroz y no reconocido.

8

Los fantasmas del mestizaje

Por todo lo que hemos discutido hasta ahora, me parece que debemos descartar de manera definitiva el axioma tan repetido: "En México no puede haber racismo porque todos somos mestizos".

Esta afirmación es falsa porque ignora que la leyenda del mestizaje está cargada de prejuicios racistas y que no deja de "racializar" y de dividir continuamente a la población mexicana.

En contraste, podemos afirmar que la idea del mestizaje es el principal motor de nuestros racismos, tanto hacia los indígenas como entre los propios mestizos, y también de nuestra xenofobia y tantos otros prejuicios discriminatorios. Cabe entonces proponer la validez del axioma inverso: "Mientras los mexicanos nos sigamos creyendo mestizos, no podremos dejar de ser racistas".

En este capítulo mostraré que la "racialización" del proceso histórico de confluencia que experimentó México en los últimos dos siglos, sustentada por la leyenda del mestizaje, no es peligrosa sólo porque es falsa, sino porque en los hechos ha servido para limitar e incluso negar el potencial igualitario y democrático de nuestra historia.

Para ello examinaré y buscaré exorcizar, con la mayor energía posible, los siete fantasmas que la leyenda del mestizaje ha engendrado y lanzado a recorrer nuestro país, espectros cuya presencia ha dañado y no deja de lastimar nuestra convivencia y que han servido para dar fuerza al racismo y la desigualdad.

1. EL "TRAUMA DE LA CONQUISTA"

Una de las premisas fundadoras de la leyenda del mestizaje es la distinción esencial entre los conquistadores españoles, viriles y triunfantes, y los conquistados indígenas, afeminados y vencidos.

Paradójicamente, a los "mestizos" que debíamos en teoría superar esa terrible división en la unidad superior de la "raza cósmica", el nacionalismo mexicano y la historia patria del libro de texto nos ha enseñado a identificarnos de una manera autocompasiva y resentida con el bando de los vencidos, con la madre violada y "chingada" a la que debemos despreciar.

Por ello solemos decir, "cuando nos conquistaron los españoles", y a partir de esa lamentable afirmación asumimos como propio un fantasma nefasto que acecha nuestras almas "mestizas" y nacionales: el famoso y nunca superado "trauma de la conquista".

Esta parte de la leyenda no tiene el menor sustento histórico (como la mayoría de los elementos de nuestras fábulas racistas).

En primer lugar, la conquista no fue en realidad un triunfo de "los españoles" sobre "los indios". El ejército que sitió y luego destruyó México-Tenochtitlan estaba integrado mayoritariamente por soldados provenientes de los diferentes señoríos y ciudades indígenas que se habían aliado con los recién llegados españoles para sacudirse el yugo de los aztecas o mexicas.

Los más famosos aliados de los españoles son los tlaxcaltecas y ellos han sido objeto de la mayor cantidad de acusaciones por haber cometido una "traición" que nunca fue tal, pues en realidad no los unía a sus enemigos históricos los mexicas ninguna lealtad ni sentimiento de pertenencia común. Además, decenas de otros pueblos nativos se unieron a los conquistadores y los ayudaron a vencer a sus antiguos dominadores. Por ello, algunos historiadores han llamado a la conquista una gran rebelión indígena contra el dominio mexica.

José Vasconcelos decía un poco de broma que la conquista de México la hicieron los indios y la independencia, los españoles, pero su dicho tiene más de verdadero que de irónico. Las alianzas entre los conquistadores ibéricos y los pueblos de estas tierras, tejidas al fragor de la guerra de conquista, habrían de durar los tres siglos de nuestro periodo colonial. La mayoría de los indígenas del centro de México no se sentían ni conquistados ni vencidos, sino que se consideraban, a justo título, parte de los conquistadores.

Esta alianza involucró, sin duda, intercambios carnales entre las partes y la concepción de algunos hijos mezclados. También significó un complejo intercambio de ideas, tecnologías, culturas, alimentos y animales entre ambas partes. Claro que los indígenas se llevaron la peor parte, pues fueron obligados a obedecer a los españoles y trabajar para ellos, a la vez que sufrieron un brutal impacto por culpa de las enfermedades y de los cambios ecológicos producidos por los recién llegados. Sin embargo, este complejo trueque no se debe explicar como una forma de mestizaje "cultural", sino como una primera confluencia histórica en que las partes construyeron muchos elementos en común a la vez que conservaron otros tantos de su identidad, su cultura y sus formas de ser.

Contra esta realidad histórica, la leyenda del mestizaje afirma que los indios fueron derrotados hace cinco siglos y hoy continúan siendo los vencidos. Por eso, ellos y todos los mexicanos estamos acomplejados y resentidos, llenos de odio y de secretos deseos de venganza, aquejados por un complejo de inferioridad que nos impide alcanzar nuestra verdadera vocación "cósmica".

Este imaginario trauma nacional se utiliza para justificar, cualquier "falla" de nuestra vida social y para exculpar a sus verdaderos responsables en el presente. Veamos tres ejemplos demasiado frecuentes:

Cada vez que la selección mexicana de futbol sufre una humillante derrota, no faltan los comentaristas deportivos que la atribuyen a "nuestra" mentalidad "traumatizada", producto del estigma de la conquista, y pocos mencionan la ineficiencia y la corrupción del monopolio mediático y del aparato burocrático comercial que domina ese espectáculo.

Igualmente, la venalidad endémica de nuestra clase política se suele achacar a los vicios innatos de un pueblo "acomplejado", no a la deshonestidad de los gobernantes y a la ineptitud del sistema judicial. Cuando en 2014 el presidente Enrique Peña Nieto afirmó que la corrupción era un problema "cultural" de todos los mexicanos, aludía, probablemente sin saberlo siquiera, a este "trauma" que permite responsabilizar a los gobernados por todos los vicios de sus gobernantes.

Hasta el machismo acomplejado y la misoginia procaz de la figura paradigmática del "pelado", el nombre que los profetas del mestizaje dieron al mestizo pobre y despreciable, son achacados por ellos a su "acomplejado" odio infantil a la madre violada, ya descrito por Octavio Paz, y no a la cultura patriarcal del México contemporáneo que reproduce la sumisión y devaluación de todas las mujeres, particularmente las más morenas y las indígenas, llevando incluso a hacer permisible su asesinato.

De esta manera, casi cualquier "tara" de nuestra vida nacional, generalmente asociada a personas de piel más oscura que la persona que la describe y lamenta, puede ser atribuida a las dolorosas secuelas de la conquista y así se evita el examen de sus causas reales, como pueden ser el autoritarismo, la desigualdad social, la cultura de intolerancia y el racismo fomentado por la misma leyenda del mestizaje.

A lo largo del siglo XX, doctos psicólogos, criminólogos y filósofos auscultaron con una mirada clínica, aunque nunca exenta de un profundo desprecio por sus pacientes, este "trauma de la conquista" y propusieron algunos remedios, o más bien los paliativos, a sus abismos insondables de autocompasión y resentimiento.

Desde luego que en este texto no pienso unirme a un coro tan encumbrado, pero tampoco tengo paciencia para rebatir sus diagnósticos uno a uno.

Simplemente me limitaré a repetir que el "trauma de la conquista" no existe en verdad, o en todo caso no tiene su origen en la conquista misma, como el mestizaje tampoco se originó con la supuesta violación de Cortés a la Malinche. Ambos son en realidad inventos del siglo XIX, productos del nacionalismo mexicano moderno y de la leyenda del mestizaje. Desde entonces sólo ha servido para devaluar la cultura y las formas de comportamiento de los indígenas y de los "mestizos" más pobres, más morenos, con una forma de vivir y pensar más apartada del ideal de las élites.

2. EL ODIO DE RAZA Y LA GUERRA DE CASTAS

Los profetas del mestizaje, desde el siglo XIX hasta el XXI, han repetido hasta el cansancio que la fusión definitiva de las dos razas antagónicas que constituían la nación mexicana, la indígena y la europea, era la única manera de superar el odio acérrimo que existía entre ellas, producto de una historia centenaria de guerras y enfrentamientos, iniciados con la misma conquista. Reza la leyenda que si los mexicanos no nos hubiéramos mezclado hasta convertirnos en una sola raza mestiza que habla un solo idioma, habríamos estado condenados a exterminarnos entre nosotros en una conflagración apocalíptica, llamada "guerra de castas".

La larga serie de rebeliones campesinas que sacudieron al país a lo largo del siglo XIX provocaron que el fantasma de la "guerra de castas" proyectara su sombra amenazante sobre las cabezas de las élites mexicanas. En 1864, Francisco Pimentel, un reconocido geógrafo adepto al emperador Maximiliano, advertía que el país entero podría ser escenario de una guerra entre los indios y los españoles:

> Hay dos pueblos diferentes en el mismo terreno; pero lo que es peor, dos pueblos hasta cierto punto enemigos. De aquí estas palabras que suelen escaparse aun a los hombres menos reflexivos: ¡la guerra de castas! Xichú, Yucatán han dado ya muestras de lo que puede ser la guerra de castas; pero sobre todo las haciendas del norte, los departamentos fronterizos. Estos indios tan humildes y tan tímidos, se vuelven feroces contra los blancos, no dan cuartel a nadie: en lo moral como en lo físico la reacción es igual a la acción. Es verdad que la guerra de castas sería, como ha sido siempre, favorable a los blancos; pero no por eso dejaría de traer todos los males consiguientes.[1]

Este miedo era a todas luces exagerado, por no decir completamente falso. Hemos visto que entre los años de 1840 y de 1920 hubo un sinnúmero de pronunciamientos, levantamientos,

[1] Francisco Pimentel, *Memoria sobre las causas que han originado la situación actual de la raza indígena de México y medios para remediarla*, Conaculta, México, 1995, p. 164.

motines y rebeliones en los que participaron todos los grupos de la sociedad. Muchos fueron encabezados por los más exaltados miembros de las élites, liberales y conservadores. Otras fueron protagonizadas por comunidades campesinas, hablantes de lenguas indígenas y de español, que defendían las tierras que intentaban despojarles los gobiernos liberales y las haciendas. Otras más tuvieron como personajes a amplias coaliciones que reunían a campesinos hablantes de lenguas indígenas y de español, a propietarios rurales, a artesanos y a habitantes de las ciudades.

Si uno lee los múltiples manifiestos con que estos movimientos políticos y militares proclamaron sus razones y definieron sus demandas, ninguno de ellos se llamó a sí mismo "indio" o "indígena", ni hizo referencia alguna a la voluntad de vengar la conquista española, ni proclamó ningún tipo de guerra entre razas o castas. Por hablar sólo de las rebeliones mencionadas por Pimentel, los rebeldes de Yucatán en 1847 se definían como "los verdaderos cristianos pueblerinos", los de Xichú, Guanajato, ese mismo año, como "ciudadanos" y como "vecinos". Por lo mismo, ninguno de estos movimientos pretendió exterminar a los blancos en una conflagración de razas. De acuerdo con sus palabras y sus acciones, eran ciudadanos que defendían sus derechos, como propiedad, libertad de trabajo, tributación justa y participación política, así como la libre práctica de su religión.

En conclusión, podemos afirmar que en este periodo plagado de rebeliones y conflictos, no hubo una sola verdadera guerra de castas. Las revueltas campesinas fueron motivadas por razones económicas, políticas y sociales, y en ningún caso por el antagonismo y el odio racial que tanto temían las élites criollas y "mestizas".

En contraste, si uno lee los textos escritos por los hacendados, los políticos y los habitantes de las ciudades que se sentían amenazados por las movilizaciones y rebeliones campesinas, ahí sí encontrará frases como "guerra de castas", "indios rebeldes", "odio ancestral", "venganza de la conquista", junto con expresiones abiertamente peyorativas y racistas en contra de los rebeldes.[2]

En suma, la idea de que el país estaba al borde de una apocalíptica guerra racial y que los indios querían exterminar a los blancos no era más que una fantasía paranoica de las élites criollas y "mestizas", un espectro que les quitaba el sueño, tal vez una proyección de una culpa ancestral por los despojos que habían cometido en contra de los indígenas, pero no respondía a ninguna realidad política.

En términos prácticos, sin embargo, acusar a cualquier movimiento o rebelión campesina (tuviera o no participación efectiva de ciudadanos indígenas) de ser producto del "resentimiento" racial y expresión de una voluntad de "exterminio" resultaba muy útil, pues servía para desechar e invalidar de antemano cualquiera de sus argumentos políticos concretos y de sus demandas económicas, más o menos justas. Si se hubiera reconocido que los participantes de estos movimientos exigían justicia, democracia, respeto a su propiedad, reducciones en sus impuestos, fin de los abusos a que eran sometidos, entonces se habría tenido que discutir de manera abierta el valor de sus argumentos y sus demandas. En cambio, si se afirmaba que lo que querían era "matar a toda la gente decente", como decía el político conservador Lucas Alamán, ya no era necesario escucharlos, sino que se imponía el imperativo de combatirlos e incluso exterminarlos antes de que llevaran a cabo su objetivo asesino.

[2] Federico Navarrete Linares, "¿Qué significaba ser indio en el siglo XIX?", en Miguel León-Portilla y Alicia Mayer (coords.), *Los indígenas en la Independencia y en la Revolución Mexicana*, Instituto de Investigaciones Históricas-Universidad Nacional Autónoma de México, México, 2011, pp. 171-190.

Justo Sierra O'Reilly, escritor yucateco y padre del famoso profeta del mestizaje, Justo Sierra Méndez, escribía en 1848, en reacción a la mal llamada "guerra de castas" de Yucatán:

> La raza indígena no quiere, no puede amalgamarse con ninguna de las otras razas. Esta raza debe ser sojuzgada severamente y aun ser lanzada del país, si eso fuera posible. No cabe más indulgencia con ella: sus instintos feroces, descubiertos en mala hora, deben ser reprimidos con mano fuerte. La humanidad y la civilización lo demanda así.[3]

En suma, llamar "indios", y atribuirles una sed irracional de venganza y un odio ancestral, a los ciudadanos del campo que participaban en la lucha política (y que utilizaban, por cierto, los mismos medios violentos y el mismo lenguaje político que empleaban los políticos y los intelectuales que los criticaban) servía para conculcar sus derechos ciudadanos y desechar cualquier posible valía de sus reivindicaciones. Se trataba, pues, de una estrategia abiertamente racista que tenía como fin excluirlos de la vida política.

Esta retórica del miedo del siglo XIX ha sido mantenida con vida por la leyenda del mestizaje hasta el siglo XXI. Cuando el ejército zapatista llegó a la Ciudad de México en 1914, los periódicos hablaban del peligro que significaban esas "hordas salvajes" y llamaban *Atila* a su dirigente, Emiliano Zapata. Cuando los nuevos zapatistas demandaron autonomía para los pueblos indígenas en 1994, hubo destacados intelectuales que argumentaron que concedérselas significaría el regreso de los sacrificios humanos en las pirámides. También los argumentos esgrimidos por algunos de nuestros intelectuales contemporáneos para referirse a los

[3] *El Fénix*, Campeche, núm. 4, 5 de noviembre de 1848.

sectores más pobres y "menos modernos" de la sociedad mestiza actual hacen eco de las descalificaciones que los pensadores de hace siglo y medio dirigían contra los "indios rebeldes".

Como vimos en el capítulo 1, en 2013 Roger Bartra calificó a los maestros de la CNTE como pertenecientes a un mundo "viejo" y "putrefacto" que está en "extinción" y que "se derrumba". A partir del uso de esta retórica descalificatoria, afirmó que sus demandas políticas eran "estertores" de un magisterio "decrépito" y advirtió: "Un mundo en camino de desaparecer es peligroso, pues alberga la desesperación de sectores sociales enervados llenos de rencor".[4]

Este texto podría haber sido escrito hace 150 años para referirse a un grupo de rebeldes en el campo mexicano, pues refleja el mismo desprecio hacia los sectores menos privilegiados de la sociedad, la misma descalificación basada en un falso evolucionismo que concibe que sólo las formas de vida y las ideas de las élites tienen derecho a sobrevivir en el mundo contemporáneo, la misma voluntad de desdeñar de manera absoluta sus demandas políticas y económicas al reducirlas a manifestaciones de emociones viles y primarias, como el enervamiento y el rencor.

Éste es otro fantasma oscuro que alimenta la leyenda del mestizaje mexicano: el desprecio y la descalificación racista de los que no pertenecen a las élites, indios en el siglo XIX, mestizos pobres en el XX y XXI; el miedo a cualquier movilización de estos grupos porque se piensa que sólo puede ser producto de odios y rencores contra la "gente decente" y, por lo tanto, no puede ser la expresión de una reivindicación política legítima; la convicción de que la nación no estará unificada hasta que esos otros, que son despre-

[4] Roger Bartra, "Insurgencias incongruentes", *Reforma*, 10 de septiembre de 2013.

ciados y temidos, no sean integrados y asimilados, en el mejor de los casos, o arrinconados, expulsados o exterminados, en el peor. El espectro de la "guerra de castas" es, sin duda, uno de los antecedentes históricos de la necropolítica racista de nuestro trágico siglo XXI y es otro legado aciago de la leyenda del mestizaje.

3. LA DESCONFIANZA HACIA EL MESTIZO

Uno de los atractivos históricos de la ideología del mestizaje fue, sin duda, que ofrecía, a ojos de sus profetas y de sus practicantes, una alternativa incruenta a la apocalíptica guerra de razas. Para no tener que "exterminar" a los indígenas rebeldes, y también para evitar ser "exterminadas" por ellos, las élites mexicanas buscaron convertir a esos enemigos temibles en una imagen de sí mismas, es decir, "mestizarlos", "redimirlos", "civilizarlos". El terrible y falso dilema de "ellos o nosotros" planteado por la imaginaria guerra de castas se convirtió en un imperativo innegociable: "Ellos deben ser como nosotros".

Sin embargo, el miedo al indígena vengativo y resentido no desapareció, sino que se transformó en una sospecha incesante, un recelo inextinguible hacia el "mestizo" pobre y más moreno, es decir, de origen indígena más aparente. El indio recién "mestizado", campesino o habitante de la ciudad, se volvió objeto de un escrutinio constante para buscar en él cualquier resquicio de ese imaginario odio hacia sus "conquistadores" que le atribuían los profetas del mestizaje.

La desconfianza de las élites provocaba que el proclamado éxito del mestizaje, la conversión de ese otro tan amenazante en alguien más parecido y menos temible, quedara siempre en entredicho. ¿Qué pasaría si el mestizo supuestamente moderno conservaba en su interior los defectos atávicos de su origen indígena: la desidia, la hipocresía, el rencor? Ahora que ese otro tan temido se había vuelto tan cercano, pues ya vivía al lado de la "gente decente", se vestía como ella, la imitaba en sus formas de comportarse, cabía la posibilidad de que siguiera siendo en realidad un enemigo acérrimo, agazapado tras una mera fachada de modernidad y mestizaje.

La literatura sobre el mestizo mexicano, desde Samuel Ramos hasta Octavio Paz, está atravesada por esta profunda desconfianza. Los profetas del mestizaje no logran creer en verdad que esa nueva criatura, engendrada por la imaginaria alquimia de la mezcla racial y redimida por la magnanimidad proverbial de las élites, se hubiera transformado en gente realmente decente, en un sujeto plenamente moderno.

La figura del "pelado" es vista por Ramos como la demostración de que en el corazón del mestizo se agazapa todavía el resentimiento y el salvajismo del indio. La imagen del pachuco, el emigrante mexicano en Estados Unidos, despierta el desprecio y las descalificaciones más feroces por parte de Paz por su carácter excesivo y provocador, síntoma de que no ha sido domesticado plenamente.

Así, los más humildes y más morenos, los marginados sociales y económicos, son vistos como indios apenas transformados por el mestizaje y la civilización y que están siempre en peligro de recaer en sus antiguos "vicios". En un análisis psicológico de la personalidad de un "delincuente sexual", el criminólogo Carlos Franco Sodi afirmaba en 1934:

> La decadente raza indígena, que forma la clase miserable de nuestra capital, es sin duda alguna la afrenta mayor con que el tiempo grava a la Colonia. Cobardía e inconciencia, con todos sus terribles

> derivados, constituyen el patrimonio de los directos herederos de un pueblo que fue poderoso. A esta pobre raza pertenece Manuel A. R. y por ello y sólo por ello, nació un derrotado de la vida. Desde el primer latido de su corazón tuvo miedo, como si presintiera que alentaba el cuerpo de un esclavo. Tímido por herencia y luego: hambre, dolor, siempre dolor y siempre hambre, lo mismo de niño que de hombre, igual de joven que de viejo. La miseria de los suyos y la propia, ante la riqueza ostentosa de las clases acomodadas que, a unas cuantas calles, le exhiben sus lujos y refinamientos, deben haber germinado en su espíritu un terrible complejo de inferioridad que reafirmó su innata cobardía y por si esto no fuera bastante —alcohólico, hijo de alcohólicos— el pulque aniquilando lo que pudiera quedar de su voluntad hecha jirones, consumó la obra. Tímido, degenerado, débil, fueron los dones con que lo obsequió la existencia ¡y qué bien fructificaron![5]

Con su brutal racismo, esta cita exhibe sin ambages la profunda desconfianza que divide a los mestizos mexicanos, pese a la identidad racial y cultural que supuestamente comparten.

Para la leyenda del mestizaje, los morenos pobres o marginados, los que parecen o fueron indígenas, los extranjeros ocupan un espacio ambiguo y peligroso, pues siempre se pone en entredicho su verdadera transformación: se descalifica su español aprendido como segunda lengua, se escudriñan sus vestimentas en busca de indicios de su origen "extraño" o su carácter "naco", se pone en duda su auténtica educación, se les atribuyen todo tipo de taras

[5] Carlo Franco Sodi, "Un delincuente sexual", *Criminalia*, núm. 1, 1934. Agradezco a Itzel Ávila Díaz haber encontrado este texto en su investigación para la tesis de maestría titulada *Criterios raciales en el discurso del Estado mexicano, 1930-1947.*

heredadas de su origen, se les achaca el insuperable "trauma de la conquista".

Pareciera que el mestizo nunca logra ser suficiente, que su transformación racial está condenada a quedar siempre incompleta y bajo sospecha porque lleva en su cuerpo, en sus vicios, en su acento, y ahora en el siglo XXI también en sus genes, la tara insalvable de su origen "inferior" o "extranjero".

Porque el drama de ese ser imaginario que ha inventado la leyenda del mestizaje es que en realidad no quiere realmente ser mestizo, porque lo que anhela en verdad es volverse blanco, para ocupar ese espacio envidiable y privilegiado que nuestra sociedad ha reservado para la "blancura", como veremos en la quinta tesis.

4. LA INTOLERANCIA DEL IDIOMA ESPAÑOL

Un signo muy visible de la suspicacia hacia el origen indígena o extranjero de los mestizos es la exigencia intolerante de que adopten el español como su única lengua y de que lo hablen "bien", es decir, como lo hablan las élites nacionales, para demostrar su lealtad a la identidad mexicana. En un texto de defensa del mestizaje, Héctor Aguilar Camín se vanagloriaba de la unificación lingüística de México:

> El país que celebró el centenario de su Independencia en 1910 era todavía una asamblea de naciones: un territorio de Babel. Al terminar el siglo XX México es una nación de 98 millones de habitantes, de los cuales sólo un millón son indígenas monolingües. En 90 años se ha creado una abrumadora mayoría de hablantes del español "vicioso y bárbaro" que practica la república [...] El 90% de los mexicanos del siglo XX han "nacido en el español" [...] Es un por-

centaje mayor que el de los nacidos "en el español" durante el siglo XIX, y mucho mayor que el de los nacidos en ese idioma durante los siglos novohispanos, donde el español era lengua de la minoría.[6]

Hemos visto que la imposición de este idioma como el único lenguaje de gobierno y negocios en México fue una de las fuerzas más autoritarias e intolerantes que impulsaron la gran confluencia vivida por nuestro país en los últimos 150 años. Por ello, la leyenda del mestizaje ha construido una equivalencia doctrinaria entre ser mestizo y hablar "bien" español.

Esta identificación ha engendrado una intolerancia hacia todo aquel que hable diferente, que se coma las "s", que diga "truje" o "haiga" o "puédamos". Discutiendo el exabrupto racista de Lorenzo Córdova Vianello en 2015, que analizamos en la introducción, la antropóloga Alejandra Leal, estudiosa del racismo entre los mestizos, se preguntaba qué habría pasado si el funcionario se hubiera burlado de la manera de hablar de unos campesinos hablantes de español. Su triste conclusión fue que su falta de respeto hacia esos ciudadanos no hubiera provocado la misma reacción airada y que muchos comentaristas hubieran criticado, en su lugar, la "ignorancia" y las "prácticas clientelares" de esos mestizos pobres.

La intolerancia se extiende también hacia quien habla español con "acento" por ser su segundo idioma. Los inmigrantes son objeto de burla, benigna y no tanto, como el famoso libanés de película encarnado por Joaquín Pardavé. Los indígenas bilingües suelen ser criticados porque supuestamente "no saben hablar bien", y cada vez más las personas de origen mexicano nacidas

[6] Héctor Aguilar Camín, "México 2010: De la Revolución a la democracia", *Nexos*, 1 de septiembre de 2010: http://www.nexos.com.mx/?p=13904.

en Estados Unidos son despreciadas y tachadas de "pochos" por hablar inglés.

Hace unos años participé en un congreso académico internacional de alto nivel en que múltiples colegas provenientes de Estados Unidos y otros países presentaron sus ponencias en inglés sin problema alguno. Sin embargo, cuando un investigador estadounidense de origen mexicano, y con un aspecto reconociblemente "mestizo", leyó su trabajo en ese idioma, fue repudiado de manera abierta por la mayoría del público. Al observar la intolerante reacción de los presentes, me di cuenta de la posición imposible en que se encontraba el colega mexicanoamericano: por utilizar el inglés, la lengua en que fue educado y en que practica su profesión, fue denostado por los presentes como un "traidor"; no obstante, si hubiera hablado en español, su acento y sus posibles incorrecciones hubieran provocado un rechazo igualmente violento, por "pocho" o "ignorante".

En suma, la leyenda del mestizaje no deja lugar en su imaginación para que los mexicanos hablen otro idioma, pese a que el número de hablantes de lenguas indígenas y de personas de origen mexicano que hablan inglés no deja de crecer.

En 2007, cuando fue detenido por narcotráfico un ciudadano mexicano de origen chino llamado Zhenli Ye Gon, el escritor Germán Dehesa publicó una columna llamada "Un cuento chino", en la que bromeó que su forma de hablar "hubiera hecho las delicias de Bernal y su *Complot mongol*", y luego afirmó con la certidumbre de quien repite una verdad obvia:

> Era Zhenli Ye Gon y el único problema de identificación es el de cualquier chino: les pones un bísquet al lado y todos resultan igualitos. Pues ahí estaba encantado de la vida paseando por Nueva York y presumiendo un inverosímil pasaporte mexicano que no me expli-

> co quién pudo atreverse a otorgárselo hablando como habla un idioma que, por supuesto, ya no es chino; pero que mucho menos es español. Con oírlo hablar 30 segundos sale uno de dudas y se establece el diagnóstico: este no es mexicano, pero ni a mentadas de madre.[7]

La ligereza, pretendidamente chusca, con que este escritor supuestamente ilustrado combinó la más amplia colección de estereotipos nacionales, que asocian a los chinos con el engaño (el "cuento chino"), que los confunden con los "mongoles" y que los ven todos iguales (y sólo los puede concebir como dueños de cafeterías), demuestra lo acendrado que es el racismo contra este grupo en nuestra sociedad. Por otro lado, la absoluta certidumbre y la procaz ligereza con que un mexicano le niega la nacionalidad a otro por el simple hecho de que no habla castellano "correctamente" es otro indicio de la intolerancia que es la sombra inseparable de la leyenda del mestizaje.

5. EL PRIVILEGIO DE LA BLANCURA

El "blanco", o más bien el ideal de la "blancura", ocupa un papel central en la imaginación racista del mestizaje. Constituye el polo contrario a lo indígena. Mientras que este último es el origen del que hay que alejarse, la blancura se convierte en el objetivo al que debe dirigirse la mezcla racial y la transformación cultural, el modelo siempre imitado y nunca plenamente alcanzado.

Como han propuesto Mónica Moreno Figueroa y Susana Vargas,[8] en México la "blancura" no es propiamente un rasgo físico,

[7] Germán Dehesa, "Un cuento chino", *Reforma*, 4 de julio de 2007.

[8] Susana Vargas Cervantes, "México: la pigmentocracia perfecta", *Hori-*

sino un espacio imaginario en la vida social al que se adscribe una infinita serie de cualidades positivas, de privilegios y de poder, de riqueza y de capacidad de consumo, a los que todos los mestizos aspiran o deben aspirar.

La maldición legendaria reza que el "mestizo" no puede dejar de despreciar a su madre indígena, esa "chingada" que se entregó de manera abyecta a la superior virilidad de su padre español, y por ello está condenado a desconfiar de sus costumbres y de sus vicios, de los genes y de la sangre que ha heredado de ella. Trágicamente, sin embargo, tampoco logra identificarse plenamente con su progenitor europeo, el macho violento que lo engendró y lo dejó de alguna manera abandonado.

En su periodo de auge entre fines del siglo XIX y mediados del XX, la ideología del mestizaje buscó distinguir a su criatura, el mestizo mexicano, tanto de sus progenitoras indígenas como de sus padres europeos. Socialmente, las nuevas y pujantes élites "mestizas", educadas liberales y seculares, de origen plebeyo y de ambiciones modernizantes, se distinguían de las antiguas élites criollas, más tradicionalistas, conservadoras, católicas y con pretensiones aristocráticas.

Autores como Andrés Molina Enríquez, Manuel Gamio o José Vasconcelos consideraban que el mestizo era superior, o al menos estaba mejor adaptado al medio americano que el blanco, y que era en todo caso menos extranjerizante, más auténticamente mexicano. La vocación planetaria de la raza cósmica la habría de llevar incluso a superar a los dominantes y admirados europeos y a las élites blancas que en ese entonces avasallaban todo el planeta.

---

zontal, 2 de junio de 2015: http://horizontal.mx/mexico-la-pigmentocracia-perfecta.

Sin embargo, esta reivindicación no se reflejó de manera directa en las prácticas sociales de las nuevas élites, pues el prestigio atribuido tradicionalmente a la blancura no dejó de deslumbrar a los recién encumbrados "mestizos".

Los individuos en pleno ascenso buscaron apropiarse de la prosapia envidiable de las viejas familias criollas; de ahí que los dos principales presidentes de origen indígena del México de la época, Benito Juárez y Porfirio Díaz, casaran con sendas damas de sólida raigambre criolla. En respuesta, las viejas élites de origen español aprendieron a bailar el nuevo son del mestizaje y adoptaron los elementos claves de la ideología dominante, sin por ello renunciar a sus pretensiones de alcurnia y de exclusividad. Las figuras de los "científicos", esos ministros y asesores tecnócratas de Díaz que presumían su estirpe criolla o ultramarina y ponían su capacidad técnica al servicio del régimen, son un claro ejemplo de ello.

Las élites que ascendieron con la Revolución mexicana tenían también un ansia de abolengo que se compaginó a la perfección con la habilidad de cintura de las añejas élites, siempre dispuestas al gatopardismo, es decir, a cambiar para seguir iguales.

Por ello, podemos afirmar que en la cima de nuestra sociedad el pretendido igualitarismo mestizo ha sido siempre atemperado por la obsesión por el prestigio del origen criollo o extranjero. Los advenedizos han recurrido a las mismas estrategias de blanqueamiento y de "mejorar la raza" que ya habían perfeccionado las familias criollas a lo largo del periodo colonial. Si el mestizaje logró una "descatrinización" de México, como afirma Mauricio Tenorio, esta fue apenas temporal y condujo siempre a la creación de nuevas maneras de ser catrín y de presumir la blancura frente a las masas morenas del país.

Pese a ello, a mediados del siglo XX la leyenda del mestizaje pretendía aún construir una identidad mestiza nacionalista que compitiera, al menos, con la atracción de las imágenes de la superioridad blanca. Ésta se centraba en figuras revolucionarias como "el pueblo", el "agrarista", el "obrero", la "adelita", convertidas en auténticos monumentos por la retórica visual del muralismo y por el cine nacional. Estos emblemas del destino y la fuerza invencible del mestizo eran exaltados en la propaganda pública, en los libros de texto, en los discursos políticos. Se asociaban también a un régimen político pujante que ofrecía crecimiento económico, bienestar a mayores sectores de la población, derechos sociales a grupos cada vez más amplios, todo a cambio de su sumisión incondicional al autoritarismo del partido único.

Sin embargo, la decadencia política y económica de ese régimen a partir de 1968 dejó huérfanas a las figuras ejemplares del mestizo y las privó en buena medida de su prestigio social e histórico. Esto provocó el surgimiento de dos polos de atracción alternativos.

Por un lado, el auge de los movimientos indígenas, tanto políticos como culturales, rompió con la subordinación imaginaria de los pueblos indígenas bajo la leyenda del mestizaje. Desde antes de 1994, pero con mucho mayor fuerza después de la insurrección del Ejército Zapatista de Liberación Nacional (EZLN) ese año, los indígenas mexicanos adquirieron un mayor reconocimiento y en muchos terrenos un creciente prestigio cultural, manifiesto en la fama internacional del arte huichol y de los tejidos mayas.

El éxito de los concheros y otros danzantes, de los movimientos "neoaztequistas", de todo tipo de sectas *New Age* y de otras formas de espiritualidad alternativas nos muestra que un número creciente de grupos de mexicanos se sienten cada vez más atraídos por formas culturales y de identidad asociadas a lo que la leyenda del mestizaje define como su "pasado indígena".

Al mismo tiempo, el atractivo de la "blancura" también se hizo más deslumbrante, asociado a la cultura globalizada del consumo cada vez más hegemónica y prestigiosa. Como vimos en el tercer capítulo, en las últimas décadas los medios de comunicación electrónicos y la publicidad han impuesto sin cortapisas una imagen idealizada y excluyente de la "blancura" vinculada a la promoción de las mercancías y los servicios de la economía global. Ser o hacerse "blanco" se ha convertido, en este universo mediático, en el único modo aceptable de consumir y, por lo tanto, de existir.

De manera paralela, la imposición fanática del modelo económico neoliberal desde la década de 1980 y el continuado fracaso de sus políticas a lo largo de 36 años ha cerrado muchos de los caminos de ascenso social que habían empleado las personas de origen humilde y de piel más morena a lo largo de los siglos XIX y XX. En las últimas tres décadas, la educación pública, la burocracia, el Ejército y otras instituciones estatales han perdido buena parte de su eficacia como escaleras para subir al cielo del privilegio.

El resultado es que se ha incrementado la distancia social entre los grupos populares, vistos crecientemente como "nacos" o marginales, y las élites que se han hecho más y más cerradas y que se definen cada vez más como "blancas" y "bonitas".

Se puede afirmar que las representaciones positivas del mestizo, siempre precarias como hemos visto, han sido desplazadas o incluso borradas del escenario nacional.

Ahora bien, la renovada "blancura" de las élites, tan pavoneada por los medios de comunicación y tan anhelada por incontables mexicanos, es una muy peculiar construcción cultural mexicana.

Como hemos visto, ser blanco en nuestro país se asocia con ser bonito y deseable, pero también con ser rico, con tener capacidad de consumo, con ser moderno, con ser cosmopolita, con ser sofisticado. Podemos decir que la blancura se ha convertido en un fetiche social, es decir, en un atributo físico que vinculamos de manera mágica con una cantidad sorprendente de poderes económicos, sociales y culturales, incluso sexuales. Según esta creencia, la blancura es capaz de transmitir por embrujo su fuerza a aquello que toca, como las ropas de "moda", los objetos de consumo "lujosos", las formas de vida "internacionales" y a quienes los consumen.

Esta magia tan rudimentaria y banal es la premisa central de toda nuestra publicidad: si bebes tal brandy, si manejas tal coche, si contratas tal seguro, si abres tu cuenta en tal banco, si usas tal papel de baño o tal toalla femenina, entonces tendrás acceso a todas aquellas cualidades "aspiracionales" que se asocian de manera exclusiva con la "blancura".

En la cultura mexicana contemporánea, como en el resto del mundo, el consumo adquiere entonces la propiedad mágica de transformar al consumidor, de acercarlo al ideal social siempre anhelado, alejándolo de todo aquello que lo puede avergonzar o recordarle sus orígenes más humildes.

La absoluta hegemonía de la blancura en la cultura del consumo y la publicidad en México, sin embargo, contrasta con la situación en Estados Unidos, por ejemplo, donde se han desarrollado imágenes "aspiracionales" paralelas para los diferentes grupos "raciales". Así, se busca vender al público negro con modelos negros, a los "hispanos" con personas y formas de vida y cultura que les son propias, a los "asiáticos" con elementos que reflejan su identidad. En Sudáfrica, igualmente, la publicidad dirigida a la mayoría negra de la población utiliza modelos negros, con las formas de peinado y de vestir de los grupos africanos, que, sin embargo, han asumido como propias las "aspiraciones" de la cultura de consumo.

En nuestro país, en cambio, el único color de piel "aspiracional" sigue siendo el blanco y se excluye de manera sistemática a modelos que se parezcan a la mayoría de la población. O como dejó claro el ejecutivo de Dove al descartar la inclusión de modelos morenas en su campaña sobre la diversidad de la belleza femenina, los límites de la inclusión se marcan de manera inequívoca en el color de piel. Ir más allá sería "extremista".

La profunda banalidad de esta definición de la belleza física y del privilegio social se manifiesta de manera particularmente elocuente en figuras como la de Angélica Rivera. Nuestra primera dama ha hecho de su aspecto físico artificialmente blanqueado y de su forma desmedida de consumir el centro de su identidad y la definición misma del sentido de su existencia, pavoneada en incontables portadas de revistas de sociales.

Su imagen ramplona es la representación más fiel del vacío intelectual y la trivialidad a la que la cultura del consumo ha reducido las aspiraciones de la raza cósmica con la que soñaban Manuel Gamio y José Vasconcelos.

6. LA IDENTIDAD COMO COPIA

La estética "aspiracional" del consumo nos muestra también la completa falta de "autenticidad" de la "blancura" mexicana. En efecto, para acceder a este estatus privilegiado en nuestro país no sólo hay que recurrir a tintes de cabellos, cirugías plásticas y otras tecnologías de modificación corporal, también hay que asumir una actitud servilmente imitativa de las formas importadas de vestir, de vivir y de verse que tanto se admiran, hay que hacer de la adoración y la copia de los patrones importados el único signo de la existencia propia.

Lamentablemente, esta burda magia imitativa se practica no sólo en los más altos círculos del privilegio (y de la corrupción) de la política, en los medios de comunicación y en la publicidad, sino también en los ámbitos intelectuales de nuestro país.

Entre nuestras élites ilustradas, la cultura "occidental" (adquirida a alto precio en posgrados en el extranjero y en libros importados) se confunde casi siempre con una imaginaria "cultura universal" o simplemente con la Cultura (con "mayúsculas" y "a secas"). Por ello, se utiliza como un trofeo que debe ser exhibido y pavoneado para aumentar el prestigio social de quien lo posee.

Desde los políticos que presumen sus títulos académicos en el extranjero hasta los intelectuales que desempolvan sus citas en francés, el "cosmopolitismo" es visto como la mejor demostración de la inteligencia y de la capacidad profesional. Como en las tiendas de cosméticos, la cultura se reduce al consumo y la repetición acrítica de la producción ajena. Podríamos decir que la mayor parte de nuestras élites políticas e intelectuales viven del negocio de la importación cultural, como los dueños de los grandes almacenes viven de traer productos extranjeros a nuestros aparadores.

Sin embargo, tras este desfile incesante de diplomas y medallas, de citas y alusiones cosmopolitas, se adivina un profundo provincialismo que sobrevalora la imitación de las ideas y la obediencia a las normas aprendidas en el extranjero.

Nuestros economistas neoliberales merecen nuestra admiración y nuestra obediencia porque aprendieron "cómo se deben hacer las cosas" en Chicago (o en Harvard, o donde sea, pero siempre fuera de México) y luego aplican ese modelo a nuestro país, sin importar que haya resultado un fracaso desde hace más de 30 años. En todo caso, si las lecciones importadas no funcionan, el problema es de México, de las siempre convenientes "taras" de los mestizos y los indios, como su corporativismo y su proclividad a la "informalidad" y la corrupción, nunca de las verdades universales que los economistas aprendieron a repetir y pregonar como alumnos aplicados y carentes de imaginación.

Lo mismo vale para muchos de los "demócratas profesionales" que llevan décadas tratando de imponernos los manuales de procedimientos electorales que memorizaron en sus posgrados en prestigiosas universidades del extranjero. Ellos consideran que cualquier diferencia de la realidad nacional respecto a estos ideales importados no puede ser más que "defectos" o "desviaciones" lamentables que deben ser corregidas o eliminadas, pues son productos de nuestra oscura historia, máculas nunca enteramente borradas de nuestro pasado indígena, con sus tlatoanis autoritarios, o una oprobiosa herencia colonial.

Además de su mal disimulado desprecio hacia quienes no piensan como ellos, me parece que el mayor defecto de nuestros importadores intelectuales es que asumen una actitud pasiva y carente de imaginación como generadores de ideas y de políticas. Pareciera que tal como nuestros publicistas han decidido que los rostros morenos no pueden ser de ninguna manera "aspiracionales" y que por ello deben volverse invisibles en el firmamento de la cultura de consumo, nuestros pensadores han decidido que las circunstancias mexicanas no pueden ser la base de un pensamiento original, sino que deben ser eliminadas de nuestro "aspiracional" paraíso neoliberal y democrático.

Un ejemplo clarísimo de la pobreza de este pensamiento importado es el artículo "La cultura de la pobreza frente a la integración económica", publicado por Federico Reyes Heroles en 1991.[9] En unas breves páginas, el autor hacía un análisis lapidario

[9] Federico Reyes Heroles, "La cultura de la pobreza frente a la integración económica", *La Jornada Semanal*, 11 de marzo de 1991. Véase mi crítica

de los comportamientos económicos de los campesinos mexicanos que a su juicio no correspondían con la racionalidad económica capitalista (reducida a citas de Benjamin Franklin y del Banco Mundial), como la inversión de cuantiosos recursos en fiestas y mayordomías religiosas y el uso de la roza para fertilizar los campos. A partir de esta endeble comprobación, concluía que las prácticas de los campesinos estaban equivocadas y que eran la causa principal de su pobreza y sugería que el gobierno debía hacer un gran esfuerzo por erradicarlas para lograr el anhelado desarrollo económico. De esta postura, tan poco original, cabe destacar únicamente que en ningún momento el autor consideró que tenía la responsabilidad intelectual de investigar más sobre las prácticas que condenaba, de tratar de comprender su posible racionalidad cultural o económica en el contexto de las comunidades campesinas, sino que dio por sentado que estaban equivocadas por el simple hecho de no conformarse a la norma importada que él había aprendido en la escuela.

Nuestros importadores de ideas son también bastante obsoletos, o selectivos, como copiadores de modelos. Al seguir proclamando que la única norma universalmente válida proviene del norte "desarrollado", ignoran todo el trabajo del pensamiento poscolonial que ha criticado y desmontado ese falso universalismo y que ha realizado un gran esfuerzo por construir alternativas al mismo, en Asia, en África y en América Latina, y también en la propia Europa y América del Norte. En suma, se aferran a una visión reaccionaria de la validez universal de la cultura europea, que ya no es aceptada en muchas otras partes del mundo y que se tambalea incluso en los centros hegemónicos del norte.

---

en "Un liberal en tierra de indios", *La Jornada Semanal*, 30 de junio de 1996: http://www.jornada.unam.mx/1996/06/30/sem-navarrete.html.

Este provincialismo conservador, esa negativa a asumir una visión realmente poscolonial, no es producto únicamente de la pereza mental, sino sobre todo de la posición social que ocupan nuestras élites de pensamiento. Como sus privilegios sociales se basan en su identificación con lo que podemos llamar una "blancura intelectual", definida por su capacidad de importación de la cultura occidental, fetichizada como la única válida y verdadera, cualquier crítica a su valor universal sería una amenaza directa a su propia encumbrada situación. Como un vendedor de coches que no puede admitir que los vehículos que trae del extranjero son chatarra, a nuestros tecnócratas e intelectuales cosmopolitas no les conviene cuestionar la validez de las ideologías y los discursos importados que repiten de manera pasiva.

Por ello, podríamos afirmar que el oropel mágico de la "blancura" ha terminado por deslumbrar también a muchas de nuestras mentes supuestamente más críticas y los ha convertido en comerciantes de baratijas intelectuales.

7. LA EXCEPCIONALIDAD DE MÉXICO

Otro fantasma engendrado por la leyenda del mestizaje es el de la excepcionalidad del mestizaje mexicano a nivel mundial.

Esta singularidad se convirtió desde hace 100 años en una inagotable fuente de orgullo para las élites nacionales, sin importar que la mezcla racial en que se basaba fuera inventada. Nuestros profetas no dejaban ni dejan de congratularse ante el espejo de su vanidad por no haber exterminado o expulsado a "sus indios", sino por haber tenido la magnanimidad incomparable de dejarlos vivir y convertirlos en mestizos y en sus asalariados. Según sus fantasías megalómanas, por este hecho México es un país muy superior a Estados Unidos, a Argentina y todos los demás del mundo que han sido menos generosos con sus poblaciones más oscuras.

En la realidad histórica, sin embargo, esta excepcionalidad se diluye completamente. El proceso de confluencia que vivió México entre los siglos XIX y el XX no tuvo nada de extraordinario. En el mismo periodo muchas otras naciones del mundo experimentaron procesos de modernización similares, producto también del desarrollo de la economía capitalista y del surgimiento del Estado-nación. En Polonia, por dar sólo un ejemplo, el nuevo Estado también obligó a la mayor parte de su población a adoptar el idioma minoritario de las élites (el polaco) y dejar de hablar lituano, alemán o *yiddish*. En Brasil, transformaciones análogas han sido interpretadas como el triunfo de una "democracia racial", tan excepcional y tan ilusoria como nuestro mestizaje.

Por otro lado, nuestro breve análisis de este proceso en México demostró ampliamente que en él participaron de manera activa los campesinos, hablantes de lenguas indígenas y de español, los obreros y el pueblo en general. Esto no se debió a ninguna "generosidad" de las élites ni del Estado, sino a su propia determinación de defender sus intereses y sus formas de organización. Si en México la población de piel más oscura no fue exterminada o expulsada del país, es porque siempre supo hacer efectivo, por medios pacíficos o violentos, su derecho a formar parte de la nación, no porque ningún gobernante o intelectual magnánimo les perdonara la vida, ni les diera la oportunidad de parecerse más a él.

Ante esta constatación, la pregunta que surge es: ¿de qué les sirve a los profetas del mestizaje proclamar con tanta insistencia la singularidad de la historia de México y también la imaginaria magnanimidad de las élites que no exterminaron a los indios?

En su libro ya clásico sobre el origen y la historia de las naciones modernas, *Comunidades imaginadas*, Benedict Anderson señaló una de las contradicciones esenciales de los pensamientos nacionalistas modernos: cada nacionalismo exalta la originalidad absoluta y el carácter excepcional de su propio país y de su historia, pero todos lo hacen de maneras muy parecidas y claramente copiadas de unos cuantos modelos. Por ello, sostenía, el nacionalismo como forma de pensamiento es incapaz de producir ideas originales o profundas.[10]

La leyenda del mestizaje es una ideología nacionalista, como tal, adolece de esta cortedad de miras y alcances. El ejemplo más claro de ello se encuentra en la manera en que pretende exaltar la excepcionalidad de México a partir de un exagerado "pasado glorioso" y de un utópico "futuro brillante" a la vez que devalúa, niega y desprecia las realidades presentes de los pobladores del país.

Todos los nacionalismos construyen e inventan un origen insigne para su país. Para ello se sirven de la historia, de la arqueología, de las ciencias naturales y de grandes dosis de fantasía. En el caso de México, el fundamento de la nación mestiza se identifica de manera exclusiva con partes muy selectas de la historia del México prehispánico: las grandes pirámides, los espectaculares monolitos, el imperialismo de los aztecas. Estos elementos, vinculados todos a la presencia de un poder político centralizado, se glorifican como antecedentes de la supuesta fuerza y unidad del propio Estado mexicano moderno.

La mayor deficiencia de esta historia monolítica y centralista es que ignora o menosprecia muchos otros aspectos de las sociedades que existían en el territorio mexicano antes de la llegada de

[10] Benedict Anderson, *Comunidades imaginadas. Reflexiones sobre el origen y la difusión del nacionalismo*, Fondo de Cultura Económica, México, 1996.

los españoles: la historia de las incontables comunidades campesinas y de otros pueblos que no vivían en las grandes ciudades bajo el dominio de su poder centralizado; la historia de los grupos de cazadores y recolectores del norte del país; la historia de las mujeres y de los grupos sociales muy plurales que convivieron en nuestro territorio durante milenios.

Por otra parte, nadie puede negar que en México la exaltación de los indios muertos ha sido acompañada casi siempre por la execración a los indios vivos. Los pueblos y las culturas indígenas de nuestro presente se comparan siempre de manera desfavorable frente a las glorias maquilladas del pasado: ya no construyen pirámides, ya no tallan monumentales piedrotas, ya no son belicosos ni conquistadores como los aztecas. Su valor se reduce exclusivamente a su capacidad de conservar y defender la "herencia milenaria" de su "civilización indígena". Por ello, se lamenta y se condena que cambien y se adapten al mundo moderno, que se "aculturen", que dejen de ser "indios auténticos".

La visión que la leyenda del mestizaje ha construido de los pueblos indígenas que viven en el México actual no sólo es injusta, sino también racista. Ignora, en primer lugar, que la gran fuerza de sus culturas y de su historia ha residido en su capacidad de cambiar y de adaptarse, de aprender de los españoles, los africanos y todos los que han venido a estas tierras, de inventar de nuevo sus formas de ser y de pensar. Por ello, los transforma en meros "vestigios" de un pasado glorioso y no puede reconocer lo que son realmente: sociedades vivas y contradictorias, plurales y muy diferentes entre sí, tan cambiantes y tan modernas como los otros grupos sociales que conviven en México. En suma, define a esos mexicanos sólo por su pasado "glorioso" y devalúa sus culturas presentes, además de negar que puedan tener un futuro como tales, sino sólo como "mestizos".

Porque la otra premisa de la excepcionalidad histórica de nuestro país, según la leyenda del mestizaje, es la marcha triunfal e inevitable del pueblo mexicano, unificado racial y culturalmente, hacia un glorioso futuro definido por la "modernidad", es decir, plenamente perteneciente a la cultura occidental.

Hemos visto que el brillante porvenir que la leyenda prometía a la raza mestiza era inalcanzable por definición, pues implicaba que los mestizos dejaran de serlo y que ocuparan el espacio idealizado reservado a la "blancura". Sin embargo, a nombre de esta ilusión imposible, las realidades sociales, humanas y presentes de los mexicanos en su conjunto eran y son menospreciadas y consideradas merecedoras de desaparecer.

En el siglo XIX, las élites liberales pregonaban que nuestro país debía incorporarse al "concierto de las naciones civilizadas" (es decir, al club de los imperios coloniales europeos) y a nombre de este "noble" fin impusieron el español como única lengua pública, buscaron la disolución de las comunidades campesinas y de los pueblos indígenas y les negaron el derecho de participar en la vida política nacional por medio de sus mecanismos de organización colectiva, además de inventar el fantasma de la guerra de castas para reprimir sus movimientos y rebeliones.

En los siglos XX y XXI, brillantes intelectuales han proclamado que México debe convertirse en un país "normal" o que los mexicanos debemos ser "contemporáneos de todos los hombres", con lo que se refieren, desde luego, a que debemos parecernos lo más posible a las naciones "desarrolladas" de América del Norte y Europa, nunca a las de América Latina, África y Asia. En aras de esta pretendida "normalidad" (que nunca es analizada críticamente), descalifican los comportamientos políticos de amplios sectores de la población como anómalos, antidemocráticos, clientelares o corporativos y exigen su desaparición.

La intolerancia de nuestras élites intelectuales hacia las realidades de la vida en México es reforzada por su creencia en la magnanimidad del mestizaje que, según sus propias fantasías, coloca a los mexicanos de piel más oscura en deuda eterna con sus gobernantes y sus intelectuales por haberles perdonado la vida y haberse acomedido a educarlos y redimirlos.

La gratitud de las masas indígenas y mestizas pobres se debe manifestar antes que nada en una ciega obediencia a los dictados de la modernidad que las mismas élites les transmiten: ya que no fueron exterminados, los indígenas y los campesinos deben aprender a comportarse como "buenos ciudadanos", como "trabajadores hacendosos", como "personas educadas". Cualquier desviación de esta norma es denostada como una transgresión a las leyes de la historia nacional y como una afrenta a la generosidad del mestizaje. Como tal, merece una retahíla de regaños paternalistas y, en caso de reincidencia, castigos más severos (no olvidemos lo que pasó con los yaquis masacrados en 1902).

A ojos de nuestros profetas del mestizaje, la historia de México sería entonces la historia de la paciente "educación" de un pueblo ignorante y atrasado por parte de sus élites generosas, a las que de todas maneras nunca alcanzará.

Por ello, no nos queda más que concluir que la supuesta excepcionalidad de México y de su "mestizaje" es una fantasía narcisista de las élites que sirve para cimentar su propia posición de privilegio en la sociedad nacional. A partir de ella construyen una visión parcial de nuestro pasado, una concepción racista de nuestro presente y dibujan un futuro imposible que sólo ellas conocen.

El análisis de los siete fantasmas engendrados por la leyenda del mestizaje, y la descripción de su perniciosa influencia sobre la sociedad mexicana, confirma nuestra versión modificada de la premisa sobre el racismo en nuestro país: "Mientras los mexicanos nos sigamos creyendo mestizos, no podremos dejar de ser racistas".

Como hemos visto, más allá de sus promesas unificadoras, la idea misma del mestizaje divide y separa de manera obsesiva a los mexicanos de acuerdo con sus diferencias culturales, siempre transformadas en diferencias raciales: entre los mestizos más modernos y los más atrasados, los cultos y los ignorantes, los buenos ciudadanos individualistas y democráticos y los practicantes del clientelismo corporativo, los "más blancos" y los "más morenos", los "güeros" y los "nacos", los "bonitos" y los "feos".

Estas distinciones brutales y discriminatorias, hay que repetirlo, son producto de la leyenda misma, de sus miedos inventados, de sus fantasmas imaginarios, de las fábulas que ha construido sobre la historia de nuestro país, de sus delirios de excepcionalidad, de su subordinación a un inalcanzable ideal de "blancura".

Sin duda, es hora de que busquemos nuevas maneras de explicar y contar nuestra historia y de comprender nuestra realidad.

9

Caminos para liberarnos del racismo

A principios del siglo XXI ya nadie puede pretender que nuestro mestizaje tiene algo de "cósmico" ni que puede considerarse un modelo para el resto del mundo; tampoco se asocia ya al mestizo mexicano con ninguna misión histórica dentro de su propio país. Pareciera que la crisis de legitimidad del régimen autoritario priísta y de su nacionalismo revolucionario a partir de 1968 derrumbó las grandes ambiciones para nuestra raza inventada.

Desde entonces nos hemos quedado únicamente con los "traumas" imaginarios y con los temores, desconfianzas e intolerancias que engendraban sus oscuros fantasmas. Estas formas de racismo producidas por la agonizante leyenda del mestizaje, lejos de haber sido desmontadas, han adquirido creciente fuerza en las últimas décadas y se han sumado a las múltiples formas de discriminación que se practican en México: por género, preferencia sexual, clase social, religión, y un largo, larguísimo etcétera. Todas estas formas de diferenciar y despreciar a quienes son diferentes, de negarles derechos sociales y humanos, crean una auténtica cascada de marginación y exclusión que escinde de manera irreparable a nuestra sociedad. Su consecuencia lógica y terrible es la necropolítica de la desigualdad en que estamos hundidos, como una gigantesca fosa clandestina de la que no podemos encontrar escapatoria.

Por otro lado, la pérdida de atractivo y de misión histórica de la figura del mestizo nos ha dejado casi sin alternativa al predominio de la "blancura" en nuestra vida social, con su cauda de desigualdad, su consumismo banal, su estética imitativa y su mediocridad intelectual.

En el México del siglo XXI mantener viva la figura del mestizo ya no sirve para unificar a la nación, sino para cimentar y disimular el privilegio de las élites apoltronadas en el lugar de la blancura. El mito de la unidad racial camufla el racismo que practicamos todos de manera cotidiana y mucha veces irreflexible.

También funciona como una coartada para no reconocer las fallas estructurales de nuestro sistema político y el fracaso de nuestra artificial democracia, para no discutir las verdaderas razones y las soluciones reales de nuestro sempiterno estancamiento económico, para no confrontar las dimensiones de nuestra desigualdad social, para no ver siquiera la crisis humanitaria y política en que nos ha sumergido la necropolítica de la desigualdad.

A partir de la "racialización" irreflexiva de la vida social y política, de la cultura y la identidad de esos "otros" mexicanos que no son iguales a ellos, nuestras élites establecen dicotomías entre el México "moderno" y el "tradicional", entre una supuesta república liberal, prístina y prometedora y una execrable sociedad "corporativa", entre un tipo de mexicanos que sí saben ser ciudadanos como los pobladores de los países "avanzados" y otros que no han aprendido a serlo, aun después de 100 años de lecciones. Esta distinción, que reproduce con el lenguaje de la democracia liberal las añejas divisiones de castas de nuestra sociedad colonial, ha sido desarrollada, entre otros autores, por Carlos Elizondo en un artículo titulado "La república informal".[1]

[1] Carlos Elizondo, "La república informal", *Reforma*, 25 de agosto de 2006.

La obsesión homogeneizante y la intolerancia de la leyenda del mestizaje crean falsas divisiones en nuestra vida social a la vez que niegan o devalúan la verdadera pluralidad de los mexicanos, dentro y fuera de nuestras fronteras. La imagen artificial de una nación racialmente homogeneizada e hispanohablante permite excluir de los medios de comunicación, de la política y de la cultura oficial el concierto pluricultural y multilingüe de nuestra vida social.

México es un coro inagotablemente vital de voces femeninas y masculinas, y de todas las combinaciones posibles de género y de preferencia sexual, practicantes de las más variadas religiones y formas de vida; defensoras de las más disímbolas causas políticas, locales, nacionales y universales; hablantes de más de 60 idiomas diferentes, desde el inglés hasta el pai pai, y de incontables dialectos regionales y de clase; dueñas de identidades culturales diferentes y plurales; portadoras además de los agravios más diversos y de lutos no resueltos por sus muertas y sus muertos. Por ello, estas personas no se pueden clasificar ya, nunca han cabido en realidad, en los viejos cartabones raciales como "indígenas", "mestizas" o "blancas", ni siquiera ya como "mexicanas" o "extranjeras".

El sistema político de partidos se ha revelado claramente insuficiente para representar esta pluralidad. Más trágicamente, el Estado ha demostrado su incapacidad y, en muchos casos, su abierta falta de voluntad de garantizar la más mínima seguridad y la justicia más elemental a muchos de estos grupos tan diversos.

En la necropolítica de la desigualdad que priva en el México contemporáneo, el racismo del Estado y de la sociedad ha tomado una forma abiertamente asesina y afecta la supervivencia misma de amplios sectores de nuestra nación. Es por ello que es urgente buscar y explorar, entre todas y todos, salidas de este laberinto mortífero.

HACER VISIBLES A LOS INVISIBLES

Una de las maneras más directas de romper la lógica de la necropolítica de la desigualdad es luchar para que los invisibles dejen de serlo, darle su lugar a aquellos que no merecen ser fotografiados ni mencionados en los periódicos y la publicidad, que no tienen lugar en las pantallas de la televisión, cuyos idiomas y formas de hablar no aparecen en la radio. Se trata de combatir de manera frontal la forma más descarada de discriminación que se practica en nuestro país.

En la actualidad, el brutal racismo de los medios de comunicación refuerza los prejuicios de la sociedad en un círculo vicioso: la publicidad y la televisión no incluyen actrices y actores morenos porque dan por sentado que a sus públicos no les gustan tanto como los más blancos, y por otro lado, la gente confirma que las pieles más oscuras no son bonitas o deseables o "aspiracionales" porque no aparecen en la televisión y la publicidad.

Para romper esta cadena de prejuicios y exclusión, cuyas consecuencias negativas ya hemos demostrado, es indispensable que los medios de comunicación y la publicidad hagan esfuerzos reales por reflejar más fielmente la diversidad de aspectos físicos, de lenguas y culturas de la población del país.

Esta representatividad se debe lograr, en primer lugar, por elemental justicia. Nadie podría negar que la virtual supresión de los tipos físicos de la mayoría de los mexicanos de las pantallas y los anuncios es una patente desigualdad y una inaceptable discriminación que debe ser remediada.

Con el tiempo, la inclusión de una mayor pluralidad de tipos físicos podrá convertirse en un asunto de conveniencia para la economía de consumo mexicana, pues los compradores seguramente sentirán más atracción por los programas y productos que muestren a personas como ellos. En Estados Unidos, ésta fue la principal motivación para mostrar modelos de otros tipos raciales, pues los publicistas se dieron cuenta de que los consumidores negros y los latinos se sentían más atraídos por campañas publicitarias que incluían a gente de su "raza", y que los programas de televisión también conseguían mayores audiencias.

De esta manera, la mayor presencia de personas con tipos físicos diferentes en las pantallas y los espectaculares influirá sin duda en los gustos de todos. Así se logrará que las y los modelos más morenos y de rasgos indígenas sean considerados tan hermosos y "aspiracionales" como los blancos, como lo han sido siempre, salvo en la imaginación racista de nuestros publicistas y productores de televisión.

La misma estrategia se podrá utilizar para combatir las formas de exclusión que hacen invisibles a las personas con identidades sexuales diferentes, a los hablantes de otras lenguas, a los practicantes de otras religiones, a las culturas juveniles, urbanas y rurales que no son representadas en los medios de comunicación.

Este cambio en el paisaje nacional, por más cosmético que parezca, contribuirá sin duda a dar mayor visibilidad y valor a los cuerpos y las vidas de la mayoría de los mexicanos. Servirá también para achicar las barreras que separan a los diferentes sectores de nuestra sociedad, a los "güeros" de los "morenos", a los ricos de los pobres. La visibilidad de los grupos excluidos hará también más visible, y más inaceptable, la desigualdad que los separa de las élites.

Por otro lado, ésta será también una manera de recuperar el carácter realmente público, social y plural de los medios de comunicación. Así podrán dejar de estar a merced de los intereses particulares de sus propietarios, al servicio del privilegio de la blancura y de los prejuicios ignorantes de quienes los enarbolan. En su lugar, reflejarán y servirán a la sociedad en su conjunto, con su pluralidad y sus contradicciones. Se convertirán así en un espacio de posible confluencia, de diálogo y de convivencia entre los mexicanos, un espacio donde podremos aprender a ser nuevamente conciudadanos.

LOS LÍMITES DEL HUMOR Y LAS FORMAS DEL RESPETO

En los últimos tiempos, en México hemos vivido varios casos notables del siguiente fenómeno: un personaje de la vida pública comete en medios privados un "exabrupto racista" y al hacerse público, su comentario ofensivo genera una tormenta de furia en las redes sociales y en la prensa, que puede llevar a su renuncia al cargo que ocupa, como la llamada *Lady Tijuana*, o a un desprestigio considerable, como en el caso de Lorenzo Córdova Vianello, el presidente del INE.

Esta dinámica revela, a mi juicio, aspectos claves de la situación del México actual. Para empezar, muestra que la sociedad tiene mucho menos tolerancia hacia las expresiones abiertas de racismo. En segundo lugar, refleja la crispación generalizada de nuestra convivencia política y la desconfianza que amplios sectores sienten hacia quienes ocupan posiciones de poder. Confirma, al menos en parte, la sospecha de que en el fondo estos personajes no sólo no representan ni sirven al resto de sus conciudadanos, sino que además los desprecian.

Los autores de estos exabruptos y sus amigos han argumentado, en revancha, que se trataba de expresiones particulares y que todos los mexicanos en privado hemos dicho o pensado cosas igualmente despectivas. Esta última justificación me parece más una excusa, como la que aduciría un conductor borracho que afirma que no es el único que toma el volante en estado de ebriedad.

A mi juicio, el hecho de que el racismo de estos funcionarios se exprese en privado, lejos de excusarlo o de restarle importancia, pone en duda la sinceridad de las expresiones de respeto y tolerancia que emiten en público. Volviendo a las ideas de James C. Scott, en este caso tendríamos un gobierno que utiliza un "discurso público" que habla de ciudadanía compartida, de igualdad ante la ley y de democracia, mientras su "discurso oculto" refleja la inmensa distancia cultural y social que los gobernantes sienten hacia los gobernados y se expresa en forma de desprecio y de burla. Esta aparente incoherencia no tiene nada de extraordinario, pues es inherente a las contradicciones de nuestra identidad mestiza, que preconiza la igualdad a la vez que construye desigualdades en todas las relaciones sociales.

Sin embargo, si aceptamos que los exabruptos racistas que cometieron los funcionarios sólo hacían eco de los pensamientos privados de la mayoría de los mexicanos, entonces estamos obligados a cuestionar precisamente la manera en que la leyenda del mestizaje nos vuelve a todos racistas, querámoslo o no.

Por esta razón es necesario, también, que analicemos de manera crítica el vocabulario "racializado" con el que expresamos nuestro humor. El hecho mismo de que pueda resultar "chistoso" para algunos burlarse de la cultura, del aspecto, de las formas de hablar de los "indios", de los "nacos", de los "chinos" y de los "negros", dice mucho del racismo profundo que divide a nuestra sociedad. En sentido inverso, llama la atención que los términos asociados con la "blancura" y sus privilegios rara vez tengan la misma resonancia "cómica".

Volviendo al simple experimento con Google que presenté más arriba, una búsqueda con el término "naco" revela casi exclusivamente imágenes burlonas y denigrantes. La misma búsqueda con el término "güero" no arroja una sola imagen con este cariz despectivo y pretendidamente jocoso.

Es por ello que no podemos estar de acuerdo con quienes afirman que el humor racista es inofensivo, ni con las otras defensas nacionalistas o costumbristas de los chistes clasistas, misóginos, homofóbicos y de cualquier tipo de bromas que se basen en estereotipos despectivos de grupos sociales considerados inferiores o diferentes.

El problema con este tipo de humorismo es que refleja algo más que la limitada inteligencia del bromista y la poca gracia de sus prejuicios privados o públicos; revela la desigualdad estructural que existe en nuestra sociedad, la discriminación cotidiana, las agresiones muchas veces violentas que sufren los grupos que son objeto de ese humor (indígenas, afrodescendientes, mestizos pobres, mujeres, homosexuales). Estas realidades no tienen nada de chistosas y el humor, aparentemente inofensivo, no hace más que solaparlas y legitimarlas.

Éste es el punto en que el humor deja de ser inofensivo. Estudios sociológicos han mostrado que la prevalencia de un lenguaje de discriminación y desprecio hacia diversos grupos, incluyendo los chistes a sus expensas, sirve como caldo de cultivo para la violencia verbal y física en contra de ellos. En México ya hay demasiadas violaciones, demasiados feminicidios, demasiados crímenes en contra de homosexuales, demasiados muertos cuyo color de piel los hace invisibles, demasiadas agresiones contra los derechos de las comunidades campesinas, como para que nos pueda aún resultar chistoso burlarnos de esos grupos y perpetuar así su devaluación.

En este sentido, me opongo también a las críticas que hacen nuestros intelectuales sofisticados de lo que denigran como "corrección política".

Según estos defensores ilustrados del humor racista y sexista, la preocupación excesiva por no ofender a los grupos diferentes puede afectar nuestra libertad de expresión o nuestra idiosincrasia cultural. A ojos de estos críticos, los mexicanos debemos estar orgullosos de ser prejuiciosos, sexistas, racistas y homofóbicos, porque ésas son nuestras tradiciones o porque es nuestro derecho burlarnos de los que son más débiles que nosotros.

Un ejemplo de estas polémicas es la que desató en el año de 2005 la emisión por parte del Servicio Postal Mexicano de un timbre con la figura del personaje de caricatura *Memín Pinguín*, un niño afromexicano cuyos rasgos raciales son burdamente exagerados. La llegada de cartas, cuyos sobres contenían la estampilla con esa imagen abiertamente estereotípica, a Estados Unidos generó un escándalo entre la población afroamericana y la condena explícita del propio gobierno de ese país. Ante la misma, el entonces secretario de Relaciones Exteriores de México defendió la figura y la estampilla con estas palabras:

> *Memín Pinguín* es un carácter en nuestra cultura en el que tenemos una gran tradición los mexicanos y representa una falta de cultura total de nuestro país y de los mexicanos el hecho de que personas tomen estos temas y los trasladen a su cultura sin tener ningún respeto por nuestra cultura.[2]

El lenguaje "cantinflesco" del funcionario muestra los limitados alcances intelectuales de esta defensa patriotera de nuestro humor racista.

[2] "Censura Derbez críticas sobre Memín Pinguín", *El Siglo de Torreón*, 13 de marzo de 2007: http://www.elsiglodetorreon.com.mx/noticia/ 157075. censura-derbez-criticas-sobre-memin-pinguin.html.

En un artículo reciente, el escritor y caricaturista *Bef* presenta una posición más compleja, que reconoce el racismo que ha garantizado el éxito continuo de *Memín Pinguín* sin condenar a la figura de su dibujante, quien mereció un premio por su labor. Su conclusión merece ser citada:

> La distinción a don Sixto Valencia me llena de júbilo. Me alegro que se le reconozca su distinguida trayectoria en la historieta popular mexicana a un artista de primer nivel. Lamento que sea por una historieta tan políticamente incorrecta.
>
> "Usted no conoce nuestra cultura. Es un muñequito. Una broma. Somos desmadrosos, cabulillas."
>
> Sí, y también sumamente racistas.[3]

La postura de *Bef* señala uno de los caminos que podemos seguir para ir desmontando el racismo en nuestro país. No se trata de imponer una vigilancia policiaca del lenguaje ni de perseguir las expresiones de humor discriminatorio, tampoco de demonizar a quienes lo practican, sino de hacer una crítica sincera del contexto de racismo, marginación y violencia en que estas expresiones de burla tienen lugar y que terminan por reforzar en su repetición. Se trata de darnos cuenta de que no son realmente chistosas, ni lo han sido nunca, a menos que la perpetuación de la desigualdad y la violencia contra los que parecen diferentes nos parezca un asunto gracioso. Se trata de hacer un vacío cultural y social alrededor de la prepotencia que subyace en esas expresiones de discriminación disfrazadas de bromas.

[3] Bernardo Fernández *Bef*, "Memín Pinguín y el desconocimiento del otro", *Milenio*, 22 de septiembre de 2014: http://www.milenio.com/tribunamilenio/que_tan_racistas_somos_los_mexicanos/Memin_Pinguin-racismo-desconocimiento_del_otro-caricatura_13_376892310.html.

DE VUELTA A AYOTZINAPA, EL REENCUENTRO CON LA CIUDADANÍA

Al pensar las posibles salidas al racismo que nos aqueja, me parece indispensable volver al caso de los 43 estudiantes de Ayotzinapa desaparecidos en 2014, pero ahora con un tono más esperanzado.

Una de las dimensiones más profundas e impactantes de la crisis moral y política en que los trágicos sucesos de Iguala han colocado a la sociedad mexicana radica, a mi juicio, en su inversión espectacular de las barreras de invisibilidad que ha construido la leyenda del mestizaje y que han fundamentado la necropolítica de la desigualdad del México del siglo XXI.

En efecto, las 43 víctimas de ese crimen de lesa humanidad pertenecen a los sectores más marginados e ignorados de la sociedad mexicana: son excluidos por su origen regional, en Guerrero, uno de los estados más pobres y violentos del país; lo son por su pobreza; lo son por el hecho de que al menos 11 de ellos son hablantes de una lengua materna distinta al español (como diría la lingüista mixe Yásnaya Aguilar, quien me dio este dato); lo son también por su aspecto físico y su color de piel, casi nunca presentes en los medios de comunicación, la publicidad y las representaciones dominantes de nuestra sociedad, casi siempre asociados por nuestro racismo a la miseria y a las formas no válidas de comportamiento político y social; lo son, finalmente, porque estaban asociados a actividades políticas que muchos comentaristas califican de subversivas y, por lo tanto, de ilegales y dignas de persecución.

Pese a ello, el movimiento social que surgió a fines de 2014, los cientos de miles de ciudadanos que salieron a las calles de las ciudades de México y del extranjero a demandar justicia, demostró que la vida y la integridad de estos 43 jóvenes sí les importaba, más allá de las barreras construidas por la necropolítica y el racismo, más allá de la criminalización que ha servido para justificar la muerte violenta y la tortura de tantas personas, acusadas sin ningún tipo de prueba ni debido proceso. Tampoco se pudo aplicar en su contra la invectiva antisindical que tanto ha afectado a los maestros, ni la retórica neoliberal modernizadora que se arroga el privilegio de condenar a la obsolescencia y a la desaparición a grupos sociales enteros y de destruir las formas de vida y de pensamiento que se le escapan o se le oponen.

Esto no fue casual y menos producto de una súbita generosidad de una sociedad y unos medios ya demasiado acostumbrados a ignorar la muerte de los invisibles; fue producto de la inteligente campaña de comunicación con que los compañeros y los familiares de los 43 jóvenes lograron definirlos como ciudadanos, estudiantes que ocupaban una posición social reconocible, futuros maestros vinculados a sus comunidades, hijos y hermanos, padres y parientes de otras tantas familias.

El reconocimiento de esa ciudadanía y esa humanidad compartidas hizo que el crimen del que fueron objeto se revelara en todo su horror, que la complicidad e ineptitud del Estado se exhibiera en toda su grotesca irresponsabilidad, que el silencio que hemos mantenido tantos mexicanos ante tantas desapariciones y muertes anteriores resultara auténticamente oprobioso.

Este éxito responde a una tradición mucho más antigua y arraigada en nuestra política y nuestra historia y que ha tenido una fuerza particular en la región de Guerrero, lo que no es casualidad. En el capítulo 7, al describir la gran confluencia social y cultural que vivió nuestro país entre los siglos XIX y XX, mencioné la importancia de las grandes coaliciones políticas y militares, construidas por Juan Álvarez y Emiliano Zapata, quienes definieron con sus acciones y sus discursos un nuevo tipo de ciudadanía, compartida por miembros de comunidades campesinas, hablantes de lenguas indígenas y de español, pequeños propietarios, habitantes de las ciudades, intelectuales y otros grupos. Esta ciudadanía se basaba en la participación política activa (electoral, en ocasiones, militar en el caso de la guerra contra los conservadores o contra los franceses), la defensa de los derechos políticos y económicos que el liberalismo prometía (y no reconocía realmente) a los ciudadanos, la exigencia a los representantes políticos de que cumplieran su labor y el respeto a las diferentes formas de organización política de las comunidades campesinas.

Esta tradición política inspiró los movimientos políticos (y militares) de Lucio Cabañas y Genaro Vázquez a mediados del siglo XX. Los jóvenes de Ayotzinapa y sus compañeros son herederos y practicantes de esa tradición, como aprendices de maestros rurales egresados de una escuela normalista que antes había educado a Cabañas y Vázquez. Por ello pudieron invocarla con pleno derecho y total convicción, tanto que el resto del país, e incluso el gobierno, tuvo que reconocer su ciudadanía plena y la legitimidad de su posición social.

Ésta fue la fuerza histórica de su defensa, profundamente enraizada en una tradición centenaria de participación política y de lucha por los derechos ciudadanos. Esta tradición más vieja que la idea misma de mestizaje logró derruir las barreras de invisibilidad e indiferencia construidas por el racismo mestizo y por la necropolítica de la desigualdad. Ésta es una expresión esperanzadora del potencial de solidaridad que puede alcanzar la confluencia mexicana si logra librarse de los prejuicios raciales de la leyenda del mestizaje que la han ahogado en los últimos 150 años.

Desde 2015, diversas voces provenientes de élites mexicanas, como obispos y políticos, ex presidentes y comentaristas, han recomendado en un tono abiertamente paternalista a los deudos y los compañeros de los 43 de Ayotzinapa que "sigan adelante", que "den vuelta a la página", que "asuman el luto" del destino trágico de sus parientes y sus camaradas.

Tras esta recomendación se esconde un afán poco sutil por terminar de acallar un movimiento que en los últimos meses de 2014 cimbró el país, una apuesta por la vuelta a la "normalidad" que imperaba antes de esos trágicos sucesos.

Sin embargo, cada día los periódicos nos muestran lo que realmente implica la normalidad en nuestra necropolítica de la desigualdad: muertes y secuestros, desapariciones y torturas infligidas de manera cotidiana a mujeres y hombres, niños y ancianos cuyos nombres no se conocen, cuyas vidas no parecen importar a nadie, mucho menos al Estado que tiene como responsabilidad protegerlos.

Es en este contexto que adquiere su dimensión clave la "terquedad" de los parientes y los compañeros de los 43, su negativa reiterada a aceptar la "verdad histórica" de la supuesta muerte de los muchachos, construida por el gobierno a punta de torturas y encubrimientos entre fines de 2014 y principios de 2015 y derrumbada en septiembre de ese mismo año por el Grupo Interdisciplinario de Expertos Independientes (GIEI) designado por la Comisión Interamericana de Derechos Humanos (CIDH). Es una exigencia ciudadana en el más pleno sentido de la palabra, nacida de una de las tradiciones de participación y movilización más acendradas y combativas de nuestro país.

Se trata de una reivindicación que se sabe casi imposible en las circunstancias actuales de nuestro país y ante la completa incapacidad e irresponsabilidad del Estado, pero no por ello resulta menos legítima y urgente.

Es el deseo de que cada vida importe, sin importar el color de la piel ni el origen económico, ni el género, ni la preferencia sexual, ni la identidad étnica; de que cada una de las víctimas de la violencia, no sólo esos 43, sino los millares de muertos sin rostro y sin memoria que los precedieron, los acompañan y lamentablemente habrán de seguirlos, merezcan tener un nombre y encuentren un mínimo de justicia. Es la demanda de que el Estado mexicano cumpla por fin con sus obligaciones más elementales con sus ciudadanos, que deje de ser una máquina de producir desigualdad y de repartir violencia y muerte. Es la reclamación para que salgamos por fin de este régimen de necropolítica que ha secuestrado a nuestras regiones y nuestras ciudades, nuestra vida política y social.

Esta ciudadanía del siglo XXI es diferente a otras formas que ha tomado la ciudadanía en el pasado mexicano, pues surge de la muerte y del dolor, de la desigualdad y la discriminación, y no de los espejismos de la "democracia formal". Las elecciones de 2015 demostraron de manera trágica la casi completa desconexión que existe entre los mecanismos partidistas y electorales y la realidad lacerante de México.

Esta disociación es paralela a la falta de contacto entre nuestras representaciones intelectuales sobre lo que todavía afirmamos que es México, una nación mestiza unificada racialmente, moderna y democrática, y la realidad de la necropolítica que nos agobia.

Por ello, es urgente que cuestionemos esas certidumbres tan infundadas, que dejemos atrás la leyenda del mestizaje y sus fantasmas racistas y emprendamos una nueva labor de comprensión de nuestra historia, de reencuentro con nuestro entorno, de reconocimiento de todo aquello que hemos querido negar, de las personas que hemos despreciado e ignorado al grado de permitir que mueran sin merecer un nombre o una tumba.

Éste será apenas uno de los múltiples movimientos que tendremos que emprender para intentar fabricar nuevas formas de confluencia en el México contemporáneo. Se trata de construir recintos públicos, tanto físicos como de palabras y de emociones, donde podamos convivir y escucharnos sin prejuicios, lugares reales y sociales donde podamos aprender unos de otros, refugios seguros donde podamos reconocernos como conciudadanos no a pesar sino a partir de nuestras diferencias, foros sin racismos ni discriminaciones donde podamos construir acuerdos. En esos ámbitos comunes nos podremos ver a la cara los vivos y los muertos, nuestros incontables y anónimos muertos, y tal vez entonces todos juntos podremos empezar a llorar y a curar nuestras heridas.

BIBLIOGRAFÍA

Arceo Gómez, Eva y Raymundo M. Campos Vázquez, "Race and Marriage in the Labor Market: A Discrimination Correspondence Study in a Developing Country", El Colegio de México-Centro de Estudios Económicos, México, 2013. (Documentos de Trabajo núm. 3.)

Aguilar, Rosario, "Social and Political Consequences of Stereotypes Related to Racial Phenotypes in Mexico", Centro de Investigación y Docencia Económica, México, 2011. (Documentos de Trabajo núm. 230.)

Aguirre Beltrán, Gonzalo, *La población negra en México, un estudio etnohistórico*, Fondo de Cultura Económica-Universidad Veracruzana-Instituto Nacional Indigenista, México, 1989. (Obra antropológica II.)

Anderson, Benedict, *Comunidades imaginadas. Reflexiones sobre el origen y la difusión del nacionalismo*, Fondo de Cultura Económica, México, 1996.

Bastida, Sanicté, "Cuestión de color. La campaña de la mujer real de Dove palideció en México: ¿Nuestra publicidad es racista?", *Expansión*, núm. 12, 26 de octubre de 2005.

Bonfil Batalla, Guillermo, *México profundo. Una civilización negada*, Grijalbo-Conaculta (Los Noventa), México, 1990.

Esquivel Hernández, Gerardo, *Desigualdad extrema en México. Concentración del poder económico y político*, Oxfam México, México, 2015.

González Navarro, Moisés, "El mestizaje mexicano en el periodo nacional", *Revista Mexicana de Sociología*, vol. 30, núm. 1, 1968.

Mallon, Florencia, *Campesino y nación: la construcción de México y Perú poscoloniales*, Centro de Investigaciones y Estudios Superiores en Antropología Social, México, 2003.

Mbembe, Achille, "Necropolitics", *Public Culture*, vol. 15, núm. 1, 2003.

Mooney, Chris, "Are You Racist? Science is Beginning to Unmask the Bigot Inside your Brain", *Mother Jones*, núm. 1, 2015.

Moreno Figueroa, Mónica G., "Distributed Intensities: Whiteness, Mestizaje and the Logics of Mexican Racism", *Ethnicities*, vol. 10, núm. 3, 2010.

Navarrete Linares, Federico, "¿Qué significaba ser indio en el siglo XIX?", en Miguel León-Portilla y Alicia Mayer (coords.), *Los indígenas en la Independencia y en la Revolución Mexicana*, Instituto de Investigaciones Históricas-Universidad Nacional Autónoma de México, México, 2011.

———, *Las relaciones interétnicas en México*, Universidad Nacional Autónoma de México, México, 2004.

Paz, Octavio, *El laberinto de la soledad*, Fondo de Cultura Económica, México, 1970.

Pimentel, Francisco, *Memoria sobre las causas que han originado la situación actual de la raza indígena de México y medios para remediarla*, Conaculta, México, 1995.

Plous, S., "The Psychology of Prejudice, Stereotyping and Discrimination: An Overview", en S. Plous (ed.), *Understanding Prejudice and Discrimination*, McGraw-Hill, Nueva York, 2003.

Saade Granados, Marta, "México mestizo: de la incomodidad a la certidumbre. Ciencia y política pública posrevolucionarias", en

Carlos López Beltrán (coord.), *Genes (&) Mestizos. Genómica y raza en la biomedicina mexicana*, Ficticia, México, 2011.

Schiavone Camacho, Julia María, "Crossing Boundaries, Claiming a Homeland: The Mexican Chinese Transpacific Journey to Becoming Mexican, 1930s-1960s", *Pacific Historical Review*, vol. 78, núm. 4, 2009.

Scott, James C., *Los dominados y el arte de la resistencia*, Era, México, 2003.

Villarreal, Andrés, "Stratification by Skin Color in Contemporary Mexico", *American Sociological* Review, vol. 75, núm. 5, 2010.

Vincent, Theodore G., *The Legacy of Vicente Guerrero: Mexico's First Black Indian President*, University Press of Florida, Gainesville, 2001.

nguin Random House Grupo Editorial, S.A.U.
avessera de Gràcia, 47-49
Z, 8021

:ps://www.penguinlibros.com/es/content/1334-seguridad-de-los-productos
guridadproductos@penguinrandomhouse.com
4 93 366 03 00

e authorized representative in the EU for product safety and compliance is

nguin Random House Grupo Editorial, S.A.U.
avessera de Gràcia, 47-49
Z, 8021

:ps://www.penguinlibros.com/es/content/1334-seguridad-de-los-productos
guridadproductos@penguinrandomhouse.com
4 93 366 03 00

N: 9798890987570
lease ID: 156016905

www.ingramcontent.com/pod-product-compliance
Lightning Source LLC
LaVergne TN
LVHW041031150826
845672LV00001B/263

* 9 7 9 8 8 9 0 9 8 7 5 7 0 *